住んでよし、売ってよし、貸してよし。

高級マンション超活用術

不動産は「リセール指数」で買いなさい

高田一洋

みらい
PUBLISHING

目次

まえがき　あなたも高級マンションのオーナーになれる …… 9

序章　売るに売れないマンションは負債です！

売れない負債マンションに苦しむ人が7割 …… 16
最初に買う家で未来の資産が決まる …… 19
マンション価格下落説のウソ …… 22
コロナ禍なのにバカ売れした高級マンション …… 26
芸能人が高層マンションを買う理由 …… 28
日本のマンションは利回り、質ともに世界トップクラス …… 31
一軒家VS高級マンション　資産価値が高いのは？ …… 33

世帯年収800万円ならば「お金持ちマンション」を買いなさい　35

第1章　サラリーマンは今すぐ賃貸をやめなさい

なぜ賃貸住まいがダメなのか　42
マンションを買うべきタイミングとは？　45
お金持ちマンションを買うと人生が変わる　48
上場企業の社員・公務員は住宅ローンで優遇される　50
マンションの広さは子どもの数で決めなさい　52
老後2000万円問題はお金持ちマンションで解決できる　54
高級マンションはリノベーションしやすい　57
一戸建てよりマンションの方が、実は寿命が長い　60

第2章　「55㎡の2LDK」に最も価値がある理由

10年後に価値が2倍になるマンション、半分になるマンション……64
住宅ローンは2本でも3本でも組める……68
新築より中古マンションを買うべき理由……71
1軒目なら「55㎡の2LDK」が最強……74
高級マンションの売買は7大都市がおすすめ……77
インカムゲイン（家賃収入）とキャピタルゲイン（売却益）……80
プロの投資家は「駅直結」を選ぶ……83
実績があれば、タワマン最上階も夢じゃない!?……85

第3章　マンションは「リセール指数」で買いなさい

「リセール指数」＝売却益×売りやすさ×値上がり率……90

高級マンションは「リセール指数」を基準に買いなさい …… 94
一瞬で物件価格が2倍になる再開発エリア …… 99
エリアで一番高いマンション価格を知っておく …… 103
住み方・暮らし方が「リセール指数」を左右する …… 105
駅距離V広さ・築年数V総戸数VブランドV管理 …… 108

第4章　優秀な不動産営業マンを見分けるたった一つの質問

お金持ちは物件条件よりも営業マンで選ぶ …… 114
こんな営業マンにだまされてはいけません …… 118
結果を出している営業マンの特徴を知る …… 121
悪徳不動産仲介会社にある共通点 …… 124
購入→住む・貸す→リフォーム→売却→購入の「5つのサイクル」 …… 128

リスクをとってローンを組んだからわかること　131

第5章　知らなきゃ損する！　500万円高く売る技術

どんな物件も10％高く値付けできる　136
マンションを「あと100万円」高く売る4つのコツ　139
マンションの売却・住み替え計画は1年前から　141
売却益1000万円以上はタイミングが重要　144
複数の不動産会社に査定依頼を出す　147
購入検討者はイメージにお金を払う　149
一番高い価格で勝負できる？　準備編・当日編　151

第6章　不動産営業マンは大事なことを隠している

なぜ不動産会社は毎年5000軒潰れるのか？……156
マンションには買いどきと売りどきがある……158
地方移住ブームに乗せられるな……162
リフォームしても高く売れない理由……164
「えっ！　事故物件？」　相場より安い家の秘密……166
全財産を頭金に入れてはいけない……169

終章　本当の豊かさはモノと情報以外のところにある

衣食住を満たす空間をプロデュースしたい……174
かかわる人の幸せを第一に考える……176
住むだけで儲かる家を世の中に増やしたい……178

不動産で泣く人を一人でも減らしたい …… 180
不動産の世界は「一生勉強・一生経験」 …… 183
あとがき …… 186

まえがき

あなたも高級マンションのオーナーになれる

不動産には永遠のテーマがあります。

それは、「賃貸か、持ち家か」です。

賃貸には、転職、転勤、出産などライフステージごとに住み替えがしやすいメリットがあります。しかし、賃貸派は資産としての不動産を持つことができず、支払金額の割に狭い家に住み続けることになります。年齢が80歳以上の単身高齢者ともなると、引っ越しが必要になっても入居できる物件がほぼ見つかりません。

一方、持ち家派も、住むことだけを目的に広い郊外型の家を購入した場合、売りたくても売れない、売れても安価で手放さざるを得ない、といった悩みに直面します。

しかし、高級マンションを所有することができたなら、これらの問題はすべて消えてなくなります。満足度の高い持ち家に住みながら、簡単に住み替えができるのです。しかも、都市部のマンションは高騰しており、多くの場合、売却益が出ます。もちろん自分で所有し続け、オーナーとして賃貸に出すことも可能です。毎月の住宅ローン支払い金額を上回る賃貸料で貸し出せるエリアを選べば、所有しているだけで家が利益を生んでくれます。

まさに高級マンションは、住んでよし、売ってよし、貸してよしの「お金持ちマンション」といえるでしょう。

これからマンションを購入しようと検討されているみなさんへ。

マイホームは買って終わりではありません。買ってから自分と家族がいかに幸せに暮らせるか。また、ライフステージの変化に対応できる家かどうかを見極めることが大切です。

時代や価値観は大きく変わり、ライフステージに合わせて「軽やかに住み替える時代」です。例えば、「家族が増えたので、もっと広い家がほしい」「一生住むつもりで広い家を買ったが、子どもたちが独立し、部屋が余ってしまった」といった人生の分岐点は誰にでも訪れます。また、転職、転勤、結婚、出産、離婚など、さまざまな理由で家を手放さなければいけないときがくるかもしれません。

そのとき、「売りやすい家」「貸しやすい家」であること、つまり換金性が高く収益性も高い、資産価値の高い家であることがとても重要になってきます。

そこで私がおすすめするのが、5000万円～1億円の高級マンションの購入です。

実は、タワーマンションに代表される都市部の高級マンションは、住むための場所として最適であるばかりでなく、売ってよし、貸してよしの「不動産の三方よし」を実現できる優れた買い物なのです。

私自身3度の住み替えを経験し、すべて利益を得ています。その実体験も含め、本書を読んでくださった方みなさんが三方よしになる高級マンションを購入して、住むだけでなく、住み替えで売却利益を出したり、賃貸利益を出したりする方法をお伝えしていきます。

さらに、私のところにも多く寄せられる次の3つの質問に対して、現在の不動産市況や今後の見通しを踏まえ、できるだけわかりやすく、かつロジカルにお答えします。

1．将来のお金に不安を感じている今、マンションを買って本当に大丈夫か？（購入のメリットを知りたい）

2．どんなマンションを買ったら、将来的に高く売れるか？（値下がりして損をしない物件の選び方を知りたい）

3．住み替えで売却益を得られるか？（資産を増やす方法を知りたい）

これらの答えに共通するキーワードは高級マンションです。

「でも、5000万円以上する物件なんて、ハードルが高すぎる！」

という声が聞こえてきそうですが、安心してください。世帯年収800万円であれば、十分に手が届きます。例えば、夫が500万円、妻が300万円というご夫婦なら6000万円超のマンションを購入可能です。

また、年収が800万円に届かなくても、信頼される職業の方も購入することができます。大手企業（グループ会社を含む）、商社、銀行系にお勤めの方、弁護士・税理士など士業の方、医師、国家公務員などは高額ローンが組めるので、ハードルは急に下がります。

今、所得の少し高い方は、10年後、20年後を見据えて「お金持ちマンション」を買うことで、お金・資産が増える仕組みをもてるのです。

昨今、お金に関して意識の高い方は増えていますが、不動産知識がないばかりに、買っても売れない低資産価値物件を購入してしまう人が約7割もいらっしゃいます。この悪循環を止め、マンションの売買で人生を豊かに生きる方が一人でも多くなる世の中を作りたいというのが私の思いです。これまで住宅用・投資用不動産の売買に10年以上携わり、４０００件以上の実績で培ったノウハウ、金融知識をすべて詰めこみ、売却を前提とした資産価値の高い物件の見極め方について、これからお伝えしていきます。

序章

売るに売れないマンションは負債です！

売れない負債マンションに苦しむ人が7割

日本には、住めば都ということわざがあります。

「住み慣れれば、どこであっても都のようによいと思える」という意味ですが、実際は多くの人が〝都選び〟に失敗しているようです。

住宅ローン専門金融会社であるＡＲＵＨＩのアンケート調査によれば、購入者の実に7割がマンション選びに失敗しているそうです。

私の経験上、売却が難航するマンションは二種類あります。

一つは、駅から徒歩7分（東京都心以外なら10分）を超えているマンションです。

これは築古に限らず、新築や新古も同じで、2～3割の値下がりは覚悟しなければなりません。理由は明確で、駅から離れているなら戸建てがいいと考える人がたくさんいるからです。

例えば、Ａさんは7000万円で横浜駅から徒歩20分の新築マンションを購入、5年後に転勤で関西に引っ越すことになりました。しかし、駅から遠かったため買い手がなかなか決まらず、値下げ交渉の末に5500万円で売却。住宅ローンの残債がまだ

6100万円もあり、600万円の負債を抱えてしまいました。

もう一つは、リフォーム、リノベーションされたマンションです。

築35年以上の旧耐震基準物件を新築のようにきれいにして売る物件（リノベ済物件）が、ここ10年ほど増えています。

耐震基準とは、地震の揺れに対して建物が倒壊・崩壊せずに耐えられる性能のことです。1950年から1981年5月まで適用されていた旧耐震基準では、「震度5強程度の揺れでも建物が倒壊せず、破損したとしても補修することで生活が可能な構造基準であること」

マンションの購入で失敗したと思った経験はありますか？

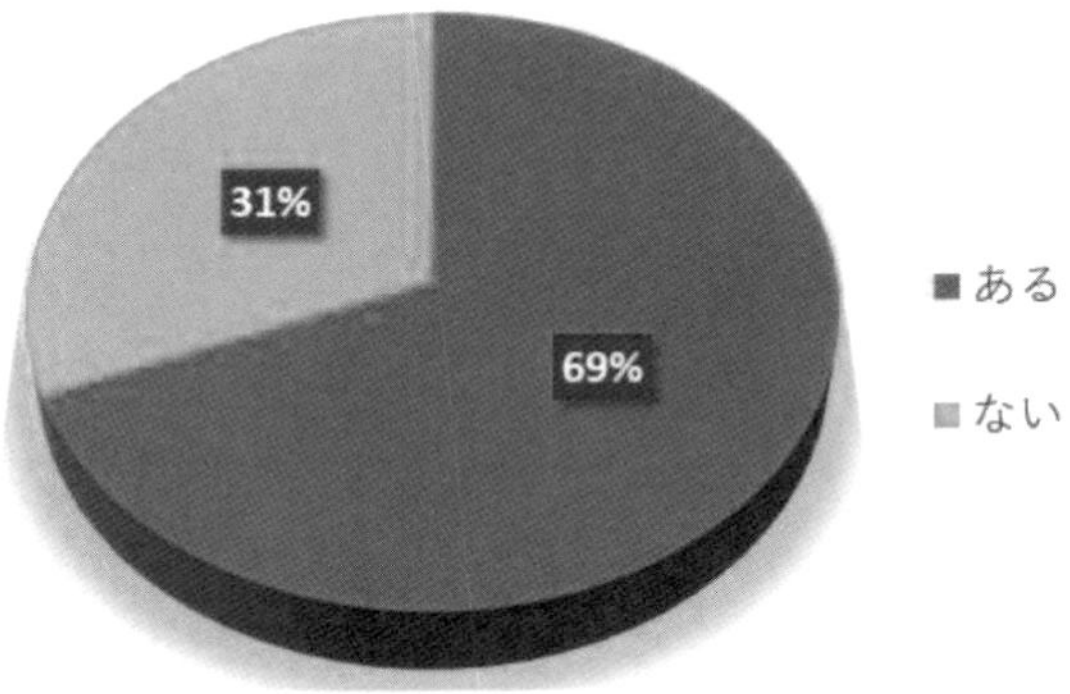

ARUHIアンケート調査より　引用元：ARUHIマガジン

と建築基準法で定められていました。それが1981年6月から施行された新耐震基準により、「震度6強~7程度の揺れでも倒壊・崩壊しないこと」と改正されたのです。

一都三県では、リノベーションマンションや一部を修繕したリフォーム物件が人気です。築年数が古い分、割安感があったり、自分らしく改築できたりするところが魅力なのだと思います。

しかし、資産価値の点から見ると、安全性の問題、耐震基準が低いために希望する住宅ローンが組めない可能性があるなど、決して優良とはいえません。

人気が高いエリアのなかには、築50年を超えても資産価値の下がらないヴィンテージマンションも存在しますが、数としてはごくわずか。多くの物件では、査定に出すと買ったときより大幅に安い値段がついてしまいます。

日本の歴史の大都市といえば794年の平安京です。

ただ、ウグイスの鳴く平安京も、左京は貴族たちが集まる高級地でしたが、右京は地形の問題で沼が多く、洪水が頻発。さらに湿地帯で疫病が多く発生し、都市としての基盤整備もできず、時代とともに衰退してしまいました。平安京の本当の姿は和歌には描かれていなかったんですね。

同じように、マンション購入でも売れる物件を選んで購入しなければ、大きな後悔を生んでしまうことになります。

最初に買う家で未来の資産が決まる

一生懸命働いて、少しずつ貯金が貯まり、結婚をして、「次は家だな」と考えている人も多いでしょう。家を買う人の動機は大きく三つあります。

一つめは、家賃を払うのが無駄。

「家賃を支払うくらいなら、住宅ローンの支払いの方がいい」「支払っている家賃と住宅ローンの返済金額があまり変わらない」。そう感じている人は大勢います。例えば、今、払っている家賃が15万円だとして、同じ15万円を毎月払うなら、人の家のためにお金を払い続けるのではなく、自分の家に払い、確実に資産づくりをする方が健全です。また、住宅ローンは今、史上最低の金利水準が続いており、ローンの組み方によっては家賃より安く抑えられることもあります。

二つめは、買った方が、家の品質（設備・仕様・広さ）がいい。

単純にいえば、分譲仕様のマンションの方が広く、設備や内装にもコストがかかっているので、快適性が高いのです。収納力にも大きな違いがあります。支払う金額が一緒であれば、借りるよりメリットが大きいということです。

三つめは、老後の不安がなくなる。

住宅ローンは最長35年。支払いが終われば完全に自分の資産になります。賃貸住宅に住んでいると、所有者や物件の都合で退去しなくてはならないことも出てきます。しかし、高齢になってから家探しをしても、賃貸を探してくれる不動産会社が少ないのが現状ですし、入居できる物件が少ないのが現実です。60歳を超えると賃貸に入居するハードルが一気に上がります。70歳、80歳になると、賃貸で入居できるところを探すことはかなり難しくなります。

老後の最大不安である「お金」「健康」「生きがい」のうち、お金の不安を解消する方法のひとつが、マンションの購入です。

私のところにも、こうした理由をきっかけに多くの方が相談に来られます。

では、どんなマンションを選べばよいのでしょうか。最も大切なのは、住み替えを前提にマイホームを購入する発想をもつことです。

現在、日本人の生涯の持ち家回数は、1・8回といわれます（リクルート調べ）。アメリカの2・8回と比べると少ないものの、一人が人生で約1回は住み替えているということです。もはや住み替えは珍しいことではありません。実際に住み替えを前提にした単身者の購入も増えてきていると実感しています。

だからこそ、最初に買うマンション選びが重要になるのです。資産性の低い売れない家だと、住み替えたくても住み替えられない「住むだけマンション」になってしまいます。

住むだけマンションの典型といえば、リゾートマンションです。軽井沢、箱根といったかつての人気エリアのマンション価格は暴落。バブル期には数千万円しましたが、現在は数百万円まで落ちこんでいます。スキー客でにぎわった湯沢なども、スキー人気の衰退とともに閑散とし、50万円程度の破格の物件もゴロゴロあります。

不動産は長い目で見ることが大切です。例えば自分が5年間住んだとして、それ以降も所有し続けられるかどうかは、その街の駅力や立地、生産力、教育環境に左右されます。結論としては、「10年後、20年後も人気がある街か否か」で判断してほしいのです。そこに人が集まってくれれば、資産価値は増大します。賃貸のニーズもあります。でも、そうでなければ人はだんだんいなくなり、資産価値もおのずと下がっていきます。

資産価値は人口と連動します。国が2030年、2040年の未来の人口マップを公開していますが、マップを見ていくと、将来的には田園都市線でさえ人口が減っていくことがわかります。横浜市では中区、西区、戸塚区は人口が増えていく一方、栄区周辺は減っていくと予想。緑園都市や鎌倉あたりも人口が減っていきます。環境や眺望といったイメージはいいかもしれませんが、30年後、40年後は売れずに、資産価値のない家になる可能性があります。あくまで予想ではありますが、知っておいた方がよい情報です。

未来の資産は、初めて買う家の価値で決まるのです。

マンション価格下落説のウソ

毎年のように「マンション価格が暴落する」という記事が出ます。しかし、その根拠はどこにもありません。

２０１２年12月に第二次安倍政権がはじまり、アベノミクスと呼ばれるデフレ脱却対策が取られました。その一つが強力な金融緩和策です。日銀・黒田総裁の思い切った金融政策によって底を打っていた景気が改善したことを起点に、不動産価格も上昇。今も高値を維持しています。

なぜそうした記事が出るのか。一つには風評被害があると思っています。東日本大震災の津波の影響や液状化問題を受け、２０１１年、２０１２年と市場が動かなくなった時期はありました。しかし、13年以降は右肩上がりで、日々、不動産売買をしている私自身、ここ数年下がり相場を知らないというのが実際のところです。

オリンピックが終わったら下がるといわれたこともありましたが、まったくそんな気配はありません。仮に住宅ローン金利が突然跳ね上がり、審査が厳しくなれば、買い手が減り、需要と供給のバランスが崩れてマンション価格が下落する可能性はありますが、住宅ローン金利も低いまま安定しています。（※固定金利は上がりそうです）

マンション価格が高値を続けている背景には、市場に出回っている物件数に対してマンションを買いたい人の数が上回っている需要過多の状態があります。20年前には一都三県の供給戸数が約10万戸ありましたが、供給戸数は減少傾向にあり、２０２２年には

３万戸を割って２万９５６９戸にまで減っています。欲しい人は半分になっていないのに物件の数が少ないので値段がつり上がり、高値で売れる。軒並み30％価格が上昇しています。

三大都市圏の70㎡あたりの中古マンション価格の推移表を見てみますと、２０１６年から２０２０年の首都圏平均は３０００万円台半ばで推移していますが、２０２１年以降は価格が上昇。２０２２年７月には平均４７３０万円まで上がっています。

新築マンションの平均価格も10年前の４７００万円から、今は６４００万円前後まで上がり、この10年で36％も上昇しています。東京都心の値上がり

三大都市圏、および都府県
70㎡あたりの中古マンション価格（2022年調べ）

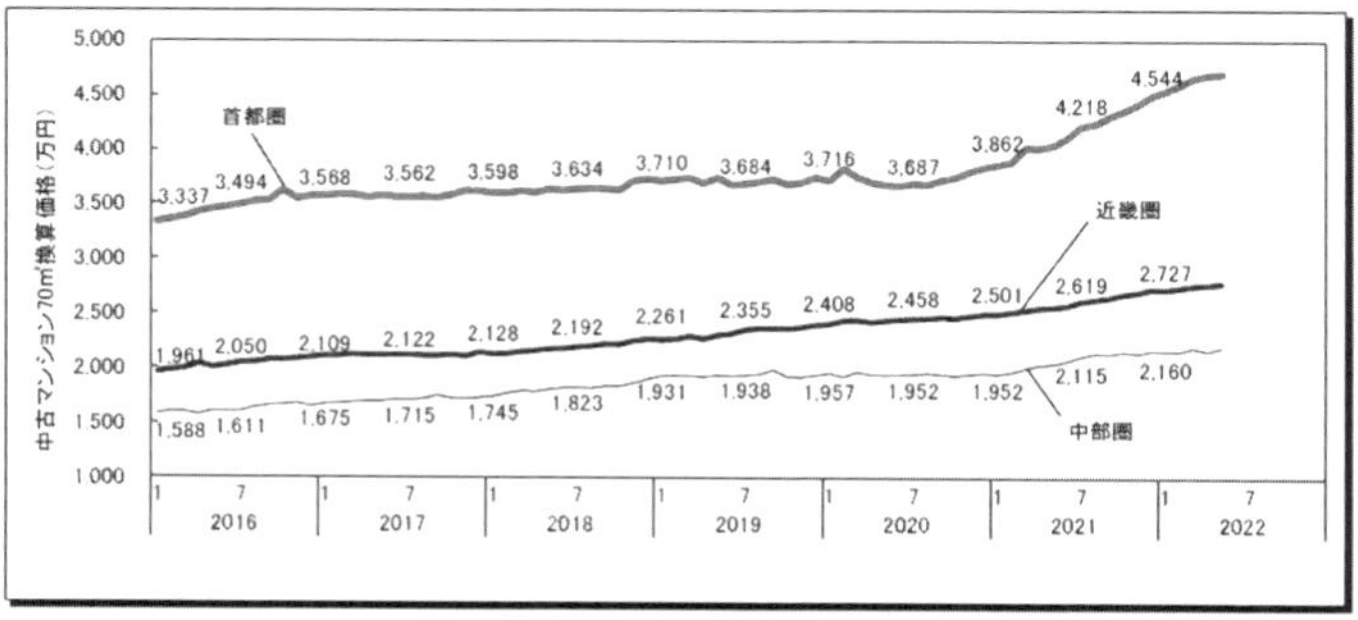

引用元：（株）東京カンテイ 市場調査部

が全国平均をけん引し、一都三県、大阪、福岡などの大都市でも上がっています。

一方で、国税庁調査によると、給与を得て働いている人の平均年収は、1997年の467万円がピークで、2021年の平均年収は443万円。20年以上ほぼ横ばいです。そこに加えて、今は物価が上昇しています。電気、ガス、水道、食料品、ガソリン……何から何まで値上がりし、給与は相対的に下がっているのに、なぜマンションは高値で買われ続けているのでしょうか？

その理由は、マンションが投資としての役割を担っていることに、多くの人が気づきはじめたからです。

日本のマンションは品質がいいので、住んでよし、売ってよし、貸してよし、節税対策もバッチリです。円安の影響で海外投資家の日本不動産への投資も拡大しているほか、相続税対策として都心のマンションが購入されるケースも増えています。相続税対策の場合、1億円の物件を買うと、現金を5000万円まで圧縮できる計算になります。

また、この本の読者のように「一生お金に困らない生活を送りたい」と考える人たちが、この10年間にマンションを売ったり買ったりして、住み替えが頻繁に起こったことで価格が上昇。それで豊かになる人が増えたことは間違いありません。

もちろん「投資目的でマンションを買いましょう」と声高にいうつもりはありません。

ただ、消費商材として住むだけに数千万円を投じるのは高すぎるというのが私の考えです。それが自分の娯楽費だと考えたら、私自身、とても手は出せません。特に20代、30代でお金をたっぷり持っている人は一握り。大多数の人はコツコツ貯金するしかありません。そのお金を有効に使おうと思うなら、消費ではなく投資という視点をもつべきです。そのことを忘れないでほしいのです。

コロナ禍なのにバカ売れした高級マンション

コロナ禍でも、高級マンションは驚くほど売れています。人気のエリアほど物件が少ないため争奪戦になり、正直、「今すぐに紹介できる物件はありません」とお伝えすることもあるほどです。

売れる理由として挙げられるのは、新型コロナの影響でテレワークや外出自粛など、家にいる時間が圧倒的に増えたことです。いわゆる可処分時間の増加に伴い、広さや快適性を求めて住み替える人が増えました。海外旅行に行けないため、住宅に資金が流れているのかもしれません。また、感染拡大前から購入を検討していた人たちが続々と動き出しているとも考えられます。

特に需要が高いのは、高価格帯のマンションです。私のところにも2020年の春以降、多くのご相談をいただいています。

みなさんが求めているのはやはり「広さ」です。コロナ以前は、外で働き、家は帰って寝るだけという人たちが一定数いたのが、状況が変わり、家族が全員家にいる。「狭いとストレスなので、住み替えたい」というニーズが強い印象です。

また、今もオンラインを使って家で仕事をしている人たちが多いこともあります。そうすると、やはり広さと部屋数を求めたくなります。

ただし、駅から離れた物件を買うと後で損をすることはある程度わかっているので、駅に近くて広いマンションに人気が集まり、金額が上がっていく。さらには、買いたくても市場に出回っていないので、買えない。「さて、どうしよう？」と相談に来られます。

その場合は、なにかしら条件を譲ってもらわなければいけません。

まず、変えられないのは予算です。7000万円の予算に対して、8000万円の物件をご提案することはできません。そうであれば、築年数の新しい物件は条件から外すことを納得してもらったうえで、資産価値が担保される物件をご提案します。

最近は、自宅の収納の延長として利用できるトランクルームも増えていますし、安価に利用できる「サマリーポケット」などの保管サービスもあります。そういうものをうまく活用してモノを減らせば、希望より少し狭い家でも暮らせます。

ちなみに、昔はまったく流行らなかったのですが、今は「DEN（書斎）」のある間取りが主流になっています。かつて「そんな無駄なスペースはいらない」といわれていました。あと5〜10年すると、また無駄なスペースといわれるのかもしれませんが（笑）。

芸能人が高層マンションを買う理由

芸能人が高層マンションを買う理由は簡単です。芸能人は住宅ローンの審査が通りづらいといわれます。そこで、売れているときに現金で買うという昔からの習わしがあるのです。

通常、審査では所得（収入－経費）金額の実績を最低2年分チェックされますが、会社員と違い、芸能人は今後も収入が増えていく見通しもつかず、退職金も考慮できません。つまり、35年ローンを組んだとしても、安定した収入が見込めない。そのため、今が旬の売れっ子有名人でも融資の限度額が希望より低く設定されてしまうのが現実です。

実は私のお客さまにも芸能界の方が多くいますので、言いづらいところもありますが、芸能界、あるいはプロスポーツ界は移り変わりが早く、どれだけ稼いでも、いつ仕事がなくなるかわからない。ギャラの上がり方が半端でない反面、下がり方も半端ではない世界です。だからこそ、お金を持っている今のうちに資産に換えたい。それで資産価値の高いマンションを買うのです。

ただ、不安定なのは芸能人に限ったことではありません。勤めている会社が明日どうなるかわかりませんし、業績が好調で会社が大きくなったとしても、やりたくない仕事を任されて心を病む人もたくさんいます。それで会社を辞めて、生活が不安定になったという人がみなさんのまわりにもいるのではないでしょうか。

それを考えると、マンションの買いどきは身体が健康なうちといえます。

みなさんが意外と知らないのは、買えるのはいつまでか、身体がどれくらい健康でないと買えないのか、という基準でしょう。

住宅ローンは年齢に関しては割合ゆるく、80歳まで組むことが可能です。70歳でもフラット35を使って10年間はローンを組めます。ただし条件があり、収入のあることが前提なので、自営で商売をしているような方でないと難しいです。また、リタイアしていても、年金の受給金額が一定以上あればフラット35で住宅ローンを組むことができます。

余談ですが、同性カップルもローンを組めるようになりました。主債務者がそれぞれ「二人は夫婦関係です」という公正証書を起こして、金融機関の審査が通れば夫婦扱いでローンが組めます。これは三菱UFJ銀行の例ですが、新しい取り組みとして注目を集めています。

さて、住宅ローンを組む際、借入れの条件として加入する団体信用生命保険ですが、50歳前なら基本的には一定の告知で済みます。50歳を超えると健康診断書の提出を求められ、審査が通れば、ローン返済の途中で亡くなった場合でも残額が保証され、家族に迷惑がかかりません。

糖尿病など持病があっても入れる「ワイド団信」という保険も出てきました。うつ病で薬を飲んでいる人も、10年前はまず入れませんでしたが、薬の種類によって審査が通るようになりました。

このように、年齢、性別関係なくローンを組める制度が広がっていますが、年を重ねるほど病気のリスクも高まります。住宅ローンを組むのは、やはり若いうちに越したことはないと思います。

日本のマンションは利回り、質ともに世界トップクラス

ここで海外と日本のマンション事情の違いをみてみましょう。

海外の専門家から見ても、日本のマンションは質がいいといわれています。分譲マンションにおけるスラブ（鉄筋コンクリート構造の床と天井のこと）の厚さは180〜200ミリ以上で、遮音性、居住性に優れています。

耐久性も文句なく、50年、60年もつのは当たり前。定期的にメンテナンスをすれば100年以上もつといわれています。

一方、中国では、マンションの倒壊事故といった驚くニュースを目にすることがあります。ここ数年でも、2019年、広東省の6階建てのマンションが倒壊。前方2棟の

別のマンションに寄りかかるように倒れ、死者は出ませんでしたが148戸800人が住まいを失いました。湖南省では2021年、7階建てのマンションが突然倒壊し、5人が亡くなりました。中国メディアは、「その建物は住民が自分たちで建てた」と報じています。

そもそも東南アジアでは、工事の完成度合いに合わせて分割してお金を払うのが一般的です。「自転車操業でマンションを建てるのか?」と不思議に思う方もいるでしょうが、手付金のみで、完成後に全額を払うのは、日本が特別なだけです。海外では、建てている途中で価格も変わります。最初に購入を決めた人の方が割安で、後で買うほど高くなります。その分を誰かが立て替えているので、利差益を乗せていくという考え方です。これもよく考えれば当たり前の話かもしれません。

しかも、払ったにもかかわらず、完成しないなどということも起こります。日本人の投資家が不動産会社に紹介されて東南アジアの物件を購入し、工事の進捗(送られてきた写真)に合わせて支払いをしていたが、一向に完成しない。思い切って現地に行ってみたら、写真はウソで工事はまったく進んでいなかったということもあります。信じがたい話ですが、本当なのです。

利回りを見ても1~2%程度の場合が多いです(基本的には売却益が出る前提なの

で)。それと比べて日本は3・5～4％ぐらいで利回りが出ますし、売りたくなったらリセールも効く。総合的に判断して日本の不動産は底堅いといえます。

今は円安も手伝って、海外投資家が日本の高級マンションを虎視眈々と狙っています。数億円する物件が1割安く買えるとなれば、お金持ちの心をくすぐるのは間違いありません。

一軒家VS高級マンション　資産価値が高いのは?

ここまで読み進めて、最初に買う家の選択がとても大切であること、投資家目線が必要なことがわかってきたと思います。ではあらためて、一戸建てとマンション、どちらがより資産価値が高いと思われますか?

住むなら絶対に一軒家がいいと決めている人はいます。戸建てのメリットは、4LDKを確保できるところ。マンションの間取りはほぼ3LDKまでで、渋谷区、港区で4

ＬＤＫを検索すると、おそらくヒットするのは一桁。それぐらい物件数が少ないのが実情です。思春期の男の子、女の子がいる５人家族の場合、３ＬＤＫでは足りないので、４ＬＤＫの戸建てを探すのは間違いではないと思います。

しかし、それだけ広い家を予算内で買おうとすれば、駅から離れる選択肢しかありません。さらに「住んでよし」だけの住宅を買っても、子どもの独立や転職など、ライフステージの変化によっては売却、あるいは、賃貸に出すこともあるでしょう。そのとき、駅から遠く、利便性の低い立地ほど資産価値が下がってしまいます。

屋根や外壁の見た目も一軒家の方が劣化の速度が速いため、いざ売ろうとしたとき、建物の値段が想像以上に低いことも。そうなると経済的なプラスは見込めません。

また、子ども一人に一部屋必要なのは、10年間だけといわれます。たしかに中学生から大学生まで、12歳～22歳くらいまでは自分の部屋がほしいでしょう。ですが、わざわざ子ども部屋を作ってこもらせるより、中学校に上がるまではリビングに子どもスペースを作り、家族の会話を増やした方がいいと捉える人が今は多いのではないでしょうか。

お客さまによくお話するのですが、せっかく大きな家を買っても、子どもたちが巣立っていったら、部屋の在庫を抱えることになります。お子さんが独立したあと、使わない空き部屋＝在庫と考えると、その10年間のためにその後も空き部屋のローンを払い続けることになるのです。例えば、使わないゴルフクラブをトランクルームに預け、毎月利用料を払っているようなものです。

都心であれば1坪400万円ぐらいするのですから、使わない床面積を所有するのはコストの無駄。3〜4人の家族だったら、駅に近いジャストサイズのマンションを買って、子ども部屋が必要な10年間は人に貸し、自分たちが賃貸に住んでもいいのです。長い目で見れば余計なコストはかかりません。

持ち家に住み続けなければいけないという見方をちょっと変えてみると、どんな建物が自分たちに必要なのか、イメージが広がるのではないでしょうか。

世帯年収800万円ならば「お金持ちマンション」を買いなさい

世帯年収が800万円あれば、高級マンションを購入できます。

みなさんの世帯年収が800万円だとして、その7〜8倍、最大10倍くらいまでの住宅ローンを組めます。夫婦で力を合わせて最大８０００万円のマンションを購入できると考えれば、誰もが「いいマンションだ！」と思う建物に手が届くでしょう。まずは、ご夫婦の年収を合算して、８００万円以上になるか計算してみてください。

年収の7～8倍の住宅ローンを組むためには、大手上場企業、あるいは大手企業のグループ会社、商社、銀行系に勤めているか、弁護士、税理士、医師、国家公務員などであれば、スコアリング評価が上がり、有利だといわれます。

もちろん、自営業だからといって、ローンが組めないわけではありません。仮にあなたが会社経営者で、都市銀行でローンを組む場合は3期分の決算報告書が必要です。都市銀行ではなく、フラット35を使うなら、会社の決算書は不要で、２期分の確定申告のみで審査可能です。

注意が必要なのは、決算の内容です。多くの経営者が、税金を払いたくないと赤字決算にしてしまいますが、ほんの少しでも黒字決算にしておくことが大切です。また、役員報酬をある程度高くしておかないとローンは通りません。自分の給料を20万円ぐらいにして、あとは経費で落とす方もいますが、個人の収入が４００万円以上ないと住宅ローンの審査はかなり厳しくなります。会社の経費と個人の出金は分け、計画的にやっていく必要があります。

2025年、東京23区を中心に、関東圏の人口減少傾向はまだ見られない。
人口増加地域が点在している。

2035年、人口増加地域が東京、神奈川、埼玉、千葉などの一部に絞られ、残りの地域で人口減少が一気に進む。

引用元：地域経済分析システム（RESAS：リーサス）

そうすれば、住んでリッチな気分を味わえ、貸しても売っても利益の出る「お金持ちマンション」を購入することができます。

ただし、あなたの買ったマンションが「お金持ちマンション」になるか、「住むだけマンション」になるかは、前述したように人口分布と連動します。

日本の人口は減少傾向にあり、今後の人口統計を見ていくと、年間およそ67万人が減っていく予測です。東京で一番人口の多い世田谷区が約90万人、私が生まれた福井県の人口が約78万人、それより少し少ないくらいの人が毎年減っていくのが今の日本です。

そのなかで、10年後、20年後、人が集まって人口が増えていくエリアとは、内閣府が出している資料によると、東京23区では港区、千代田区を中心にしたところぐらいです。図の推移を見ると、人口が中心部以外減っていくのがわかると思います。

しかし、駅前には人が集まります。東京都心だけに人が集まるのではなく、実は、利便性の高いところに集まってくるのです。横浜市なら横浜や関内、川崎市なら武蔵小杉や川崎駅、東京なら品川、渋谷、六本木、新宿など、主要な駅に人が集約されていくのです。つまり、その周辺に資産を持っておくことが重要だといえます。

また、駅近には、マンションは買えないけれど、駅に近いところに住みたいという人もたくさん集まってきます。仮にあなたが駅から徒歩5分のところに5000万円のマンションを買ったとします。月の支払いは住宅ローンと管理費、修繕費込みで16万ぐらいです。でも、貸せば20万円以上でも借り手がいます。なにかの事情があって家を出なければならなくなっても、月々の利益は5万円以上。年間60万円以上のお小遣いが増える計算です。そうした出口戦略も頭の片隅においておけば、消費するだけのマンションはリストから自然と外れていくはずです。

たとえ手元の資金は少なくても、家を買いますと手を挙げただけで自分の年収の何倍ものお金を信用で借りられて、買った不動産が将来収益を生み出す可能性もある。しかも住むのは自分です。そんな現実をあなたも味わってみたいとは思いませんか?

第1章
サラリーマンは今すぐ賃貸をやめなさい

なぜ賃貸住まいがダメなのか

今、賃貸に住んでいて、これから家を買いたいという人も多いと思います。

家を買う価値観は、第1章で述べたように、「賃料を払うのがもったいない」「買った方が良質な住まいに住める」「老後の資産になる」の三つに集約されます。

家賃は収入の3割ぐらいを毎月払う人が多いと思いますが、そのお金を消費だけにするのか、将来への投資にするのか。賃貸なら一生消費ですが、持ち家になると投資に回せるという概念も入ってきます。

例えば、6000万円相当のマンションに賃貸で住んだとして、賃貸料が月に約20万円、敷金・礼金・更新料を足すとだいたい年間13か月分程度かかりますので、260万円です。そこに5年住んだとしたら1300万円。10年なら2600万円です。この2600万円をただ消費するだけにするか、自分の所有にするかということです。賃貸なら2600万円は絶対に帰ってきませんが、所有した物件を売った場合は、今の相場が大きく変わらない限りほぼマイナスになりません。売価が購入価格を上回れば、もっと広いところに住み替えられて、諸経費はゼロ。

それが、昨今いわれている半住半投です。これからのマンションは、高い居住性だけでなく、将来的なライフステージの変化を見据え、売却や資産運用時の有利性も頭に入れて選ぶ時代。半住半投をテーマに、「住む」「貸す」「売る」に適した物件を選ぶ概念に変えていく発想の転換が必要になってくると思います。

実際に、住み替えをしながら、買った物件が値上がりして、リッチな生活をしている人がいます。

Bさんは、2010年に5000万円で新築マンションを購入。5年ほど住んで、2015年に6000万円で売却し、次に6800万円のマンションに移り住みました。それが3年後に8200万円で売れ、最近、買ったのがブリリアシティ西早稲田。9500万円ほどの物件です。最初は2階の角部屋、65㎡の3LDK、次が14階の最上階角部屋の72㎡、3LDK、今は85㎡の4LDKと、広さも増しています。西早稲田は都会の下町でしたが、近年、大規模再開発が行われて雰囲気が一変。人が増え、スーパーが出店し、飲食店の数も増えて、街の価値が上がりました。人が集まることで賃貸料も上がり、今は70㎡で賃貸料30万円ぐらいする立地です。

しかも、驚くなかれ、その方の年収は約400万円。派遣社員で独身の方です。なぜそんなミラクルが起こったかというと、やはり資産価値の高い家を購入できたことに尽きます。

その方の場合、買ったマンションが何年かして値上がりし、3000万円の特別控除を使いました。通常、売却すると所得になるので基本的に税金がかかります。ただし、自己居住用の物件（投資目的ではない）に限っては、売却益3000万円までは非課税にできる法律があるのです。その税制を行使して現金化し、次の物件を購入しました。そして3年後、またその物件が値上がりし、再度、売却。非課税で現金を手にして次の物件を購入されました。

年収400万円だと、住宅ローンは組めても最大4000万円。でも、その方はキャッシュで6000万円以上の自己資金を入れたので、9500万円の物件を購入できたというわけです。まさに、現代の住み替え長者です。

今は月々の支払いが16万円ほどですが、パートナーの方と一緒に住んで支払いに支障は出ていません。実際、そういう住み替えサクセスストーリーは、私のまわりにたくさんあります。

マンションを買うべきタイミングとは？

では、マンションを買うべきベストなタイミングはあるのでしょうか。男性はなるべく結婚するタイミングがいいといわれますが、女性に限っては、独身のときに家を買うのがおすすめです。その女性が結婚するタイミングで、ご主人が住宅ローンを組んで新しい家に入るとします。そうすれば、奥さまは自分が持っている物件を賃貸に出せます。すると、住宅ローンの支払いと入ってくる家賃収入の差分が生まれて、余裕のある生活が送れます。

年齢は若い方がよく、「半年後に転勤が決まっています」という人でも「買った方がいい」とお伝えしています。実際に、海外転勤が決まっている商社の方たちは、普通に買っています。買って、海外にいる間は貸すという考え方です。

ただ、諸費用分だけは貯めておいた方がいいでしょう。理由は、物件価格の100％を超える融資の場合、金利が上がってしまうことがあるからです。例えば5000万円のマンションを買おうと思ったら、最低でも300～400万円は貯金しておくことをおすすめします。そうなると、1軒目を買えるのは、27、28歳ぐらいからだと思います。

住宅ローンのことだけで考えると、日本の金融機関の場合、単身者はスコアリング評価が厳しいといわれています。単身者で家を買うこと自体、日本の文化にはまだ根付いていない新しい概念でもあります。特に20代女性の単身者が家を買おうとすると投資懸念が出てくるため、ローンが通りづらいのですが、通りさえすれば大きなメリットがあります。

ちなみに、女性が単身で家を買う場合、駅から近くて小さめのマンションを選ぶ人が多いのですが、コンパクトすぎると売りたいときに売りづらいため、30㎡以下は除外した方がいいでしょう。住宅ローンが適用になるのは登記簿上30㎡以上。それ以下のマンションは投資用ローンの適用になり、金利が上がってしまうのがおすすめしない理由です。現状は、投資用ローンが金利2・0～2・3％なのに対して、居住用は0・4～0・7％です。また、投資用ローンは最長30年ですが、住居用は35年。自宅にするなら最小サイズでも40㎡以上がおすすめです。2022年4月から、三菱UFJ銀行では、40㎡以下のマンションに対して、住宅ローンの融資はしないと発表しています。

部屋の広さに関して付け加えると、私は若い男性のお客さまには1LDKをおすすめしません。次章で詳しくご紹介しますが、55㎡の2LDKをご提案します。なぜかというと、結婚して夫婦二人、もしくはお子さんが生まれて3人家族になったとき、手狭な家だとすぐ引っ越すことになるからです。初めから少し広めの55㎡ぐらいの家を買っておくと、お子さんが幼稚園に入るまでは十分な広さだと思います。

自分は生涯、独身でいいと思っている人も、やはり賃貸ではなく、持ち家で自分らしく、自由で豊かな暮らしをしていただきたいというのが私の思いです。

今は働き方が多様化していて、会社を辞めて転職したり、フリーランスになったり、独立して会社を興す人もいます。そのとき、会社を辞めてしばらくは住宅ローンを組むことができません。いずれは家を持ちたいと思うすべての人は、ぜひ前倒しで夢を実現していただきたいと思います。

タイミングを逸して賃貸から抜け出せない未来を取るか、購入、住み替えでリッチな生活を送る未来を取るか。あなたはどちらの人生設計を選びますか？

お金持ちマンションを買うと人生が変わる

賃貸をやめて都市部の高級マンションを購入し、ゆとりある暮らしと利便性、一戸建てでは得られない眺望を手に入れた人たちの人生は大きく変わります。

同じ額を賃料で払うのではなく、ローンで払うにしても、一生ものの財産を所有している満足感があります。住環境のグレードが上がり、快適な環境で生活を始められます。また、住環境が快適であることは、健康維持や仕事のモチベーションアップにもつながり、さらに収入が上がる可能性も秘めています。

「住宅ローンのためにがんばろう」

「家族のためにしっかり働こう」

という気持ちも高まります。

一方、賃貸だと、いつでも退去できると思うからこそ、古くて安い物件でもかまわないという考えになりがちです。好きなようにリフォームやリノベーションもできず、自分らしい暮らしを我慢しなくてはなりません。

また、住宅ローンには終わりがありますが、賃貸は無限に続きます。人間の平均寿命は今80代ですが、実際に働ける健康寿命は70歳まで。今、高齢者の6人に一人が老後破綻している現状を見ると、人生も晩年になって家賃を払い続けられるかどうか。そんな未来を想像すると、私自身もゾッとしてしまいます。

さらに繰り返しになりますが、賃貸物件は高齢になると借りにくくなります。70歳以上の人は、年金以外の収入や貯蓄があるかどうかの審査が厳しく、希望通りに借りることは非常に難しくなります。

将来のリスクを回避するなら、今のうちに買うのが正解です。

会社経営者の間では、住居を経費として計上し、買うクオリティのものを賃貸で借りるという発想もあります。でも、考えてみてください。日本の住宅ローンは世界一金利が安く、都心部のマーケットは右肩上がりです。ライフステージに合わせて住み替える場合、7年以内であれば購入時と同じかそれ以上の額で売ることもできます。

私のお客さまのなかには、東京中央区の豊洲、勝どきなどの湾岸エリアを中心に2～3年ごとに住み替え、そのつど1000万円単位の売却益を得ている「住み替え長者」もいます。

これらはすべて、賃貸では経験できないことです。

上場企業の社員・公務員は住宅ローンで優遇される

住宅ローンの審査で優遇される上場企業の社員のみなさん、公務員のみなさんには、大きく二つのメリットがあります。

一つは、年収の43〜44%ぐらいまで返済比率を上げられることです。

返済比率とは、年収に対する住宅ローンの年間返済額の割合のことで、基本的には年収に対して返済比率最大40%ぐらいまでしか借り入れはできません。

例えば、今30代で世帯年収800万円のCさん（上場企業に勤務）が、住宅以外にローンは組んでいないとして計算すると、【800万円×44%＝352万円】が年間返済額。【年間返済額÷12÷100万円あたりの毎月返済額×100万円＝借入可能額】となり、おおよそ6620万円まで借入れが可能になります。（※返済比率は金融機関によって異なります）

もう一つは、金利が安くなることです。

金融業界では属性といって、借入する個人の勤め先、勤続年数、自己資金を審査時にチェックするのですが、上場企業の社員の方、公務員の方は属性がいいので、金利も安くなるのです。

通常、フラット35を使う場合、固定金利で今は1・96%ぐらい（2023年3月現在）。ところが、属性のいい人たちは変動金利を選ぶことができます。大手都市銀行が出している現在の変動金利は0・4〜0・5%前後ですから、約1・4%も金利の差があり、月々の支払い額でいうと3万円近く下がります。この差は大きいと思います。

属性の中身をもう少し詳しくみていくと、上場企業のグループ会社に属している人も実はスコアリング上は上場企業と同じ扱いになります。また、公立学校の先生や、東京都の職員など、住宅ローンを借りる際は圧倒的に有利です。審査で落ちる人はほぼいません。

冒頭、世帯年収が800万円に満たなくても、高級マンションを購入できると述べた根拠はここにあります。条件が有利だと、収入に関係なく購買意欲が高まります。

唯一の問題は自己資金で、マンションを購入する際の諸経費を含め、300万円くらいは手付金として用意したいところです。

今は貯金がないという人はこれから計画的に貯めていくことをおすすめします。私自身、大学を卒業して社会に出てから手取り収入の2割を貯めると決め、貯蓄したお金で28歳のときに、はじめてのマンションを購入しました。私はお金を貯めるのに時間がかかりましたが、年収が800万円あれば、2年半で手付金を貯めることは可能です。

マンションの広さは子どもの数で決めなさい

ライフステージに合わせてマンション購入を検討するとき、お子さんがいる世帯で三人家族なら2LDK、4人家族なら3LDKを検討されるかと思います。でも、夫婦二人ならどこまでの広さが必要でしょうか。

結婚したので、3LDKのマンションがほしいとご相談に来る方が多いのですが、私は「最初から3LDKは必要ない」という考えです。

第1章でもお話しましたが、住宅もコスト意識をもつことが大切です。

3LDKで夫婦だけの場合、一部屋は寝室、一部屋は荷物置き場、テレワークが増えた昨今は、一部屋は仕事部屋になることがあると思いますが、ほとんどの場合、3LDKを買うと持て余してしまいます。すると、使っていない部屋の分までローンを払うことになる。しかし、そんな余計な在庫を抱える必要があるでしょうか。

3LDKのマンションといえば70〜80㎡の広さがあり、マンション価格も高額になります。そうなれば月々のローン返済額も多くなります。それだけではありません。広いマンションは光熱費もそれなりにかかりますし、カーテン、照明、家具なども部屋の数だけそろえることになるでしょう。面積が広ければ掃除も大変で、時間がかかります。

そんな思いをしてまで「いつか使うかもしれない」余分な広さをもつのであれば、ジャストサイズで資産価値の高い家を買い、その分、貯金をして、住み替えていく方がずっと経済的です。

子どもが生まれても、子ども部屋が必要になるのは小学校に入って学習机を置くタイミング。低学年のうちは親が横で勉強を教えないといけないので、実際のところ、自分の机に座るのは小学校高学年からでしょう。少なくとも子どもが生まれて6年ぐらいは、2LDKの家で十分です。

そして、いよいよ手狭になってきたと感じたら、今度は子どもの進学のことを考え、居住エリアからもう一度見直してみるのが賢い選択だと思います。

その時本当に必要な広さ＝ジャストサイズに住み替えていくという考え方が、これからはスタンダードになっていくと思います。

老後2000万円問題はお金持ちマンションで解決できる

豊かな老後を過ごそうと思ったら、夫婦で2000万円かかるという金融庁からの発表が2019年にあり、注目を集めました。

読者のみなさんのなかにも、老後に不安をもっている方は多いでしょう。平均寿命が88歳に届きそうな女性、男性は約81・5歳。年金暮らしになってからの余生が昔と比べて格段に長くなっているのは事実で、「年金をもらう前に2000万円も貯められるのか？」という不安から、投資や運用を始める人も多いようです。今、39歳の私でさえ、今から2000万円の現金を貯めろといわれても自信がありません。

しかし、不動産を買って、住むところがあれば、そのような心配は不要です。

日本中探しても、家がない人はほぼいません。ただ賃貸の場合は80歳を超えたら借りることが難しくなる。なので、住む場所を確保するという点でまず家を所有する意味があります。

また資産として持っておけば、いざというとき売ることができます。売却したお金で介護付き有料老人ホームに入ってもいいし、身体が元気なら、生まれ故郷に戻って手頃な一軒家を買い、生活に使える現金を増やしてもいいでしょう。私の地元の福井県もそうですが、人口が減っている土地は価格が安い。1000万円前後で買える家もたくさんあります。

70歳くらいまでに住宅ローンを完済して、売却が必要な時期がくるまでそのままマンションを所有していればいいのですから、それほどハードルは高くありません。

では、どんなマンションを持っていればよりよい老後が過ごせそうでしょうか。

私は、築年数が古くても、たとえ築50年でも立地のよいマンションをおすすめしています。

リフォームやリノベーションで内装や間取りは変えられますが、立地だけは変えることができません。例えば、麻布や青山、代官山といった「地位（じぐらい）」の高い土地では、築40年、50年の物件価格がまだ値上がりしています。

「地位」とは、土地のグレード、ブランド価値の高低をあらわす言葉です。例えば代官山は昔、代官の所有地だったことから明治3年に名付けられた、国内でも有数の品格のある土地です。地位の高いマンションは供給戸数が非常に少ないために、今後も下がる要素は見当たりません。

もちろん、そういうブランドエリアでなくても、駅から近く、利便性が高い立地に建つ物件を所有していれば安心です。

駅近プラス、仕事やオフィスが集まる場所、人が集まる場所、娯楽が集まる場所なら、なおおすすめです。仕事場でいうなら品川駅、新宿駅がそうです。アクセスがいいので法人が集まっています。人が集まる代表例は、二子玉川駅。駅直結の二子玉川ライズ（オフィス・ショッピングセンター・レストランなどの集合施設）が人を呼ぶので、二子玉川に人流が増えました。また、武蔵小杉駅にはグランツリー武蔵小杉があり、豊洲駅にはららぽーと豊洲があります。そういうアミューズメント娯楽施設がある駅の周辺は鉄板といえます。

意外なところでは、逗子、辻堂、茅ヶ崎など、湘南エリアの物件価格がコロナ禍前と比べて上昇しています。築48年の逗子マリーナがいきなり500万円も値上がりしていて、不動産のプロも驚いています。

国交省がマンションの耐久年数は117年といっていますが、メンテナンスを怠らなければ150年ぐらいは十分にもつという専門家もいます。最近ではコンクリートの強度に改良が加わった200年コンクリートというものも出てきました。しっかり維持管理されていけばずっと残るのが、マンションのいいところです。

高級マンションはリノベーションしやすい

中古の高級マンションを購入し、リノベーションしたいと考えている方もいるでしょう。設備も含めたリノベーションによってマンション価値は維持できるか、あるいは価値をもっと上げることはできるかと聞かれたら、答えはイエスです。

内装はある程度の年数が経つと、経年変化で古い印象になることが多いのですが、リノベーションをすることで新築マンション同様にきれいに、間取りも自分のライフスタイルに合わせて使いやすくなります。そのような家は、同じ築年数のマンションと比べて見た目もきれいで住みやすく、いずれ売却するときがきても需要がある。つまり、資産価値が維持されやすいといえます。

新型コロナ以降、自宅で過ごす時間が増えていることもあり、「せっかく家にいるなら内装をもっとオシャレにして気分よく仕事をしたい」「オンライン会議のためのDEN（仕事スペース）を作りたい」「家で豊かに過ごしたい」と、資産をリノベーションに投じる人も多くなっています。

建具の色を変えたり、壁紙を張替えたり、ということであれば、家に住みながら1週間ほどでできる作業です。大規模に間取りを変えるとなると、いったん、1か月ほど家を空けなければいけないので、工事期間中、家賃がダブルでかかるデメリットはあります。しかし、価格を維持・上昇させていくという意味では必要なことだとも思います。多少費用がかかりますが、1か月ぐらいならリゾート地の一軒家をウィークリーで借りたり、ホテル暮らしをしたりと、最近は、選択肢がかなり増えてきています。

ヴィンテージ高級マンションの場合は、手を加えれば加えるほどヴィンテージの名にふさわしい雰囲気になってくると思います。きれいにするだけの従来のリノベーションではなく、古材を床材に使用したり、細部にエイジング加工を施すなど、ヴィンテージマンションにぴったりの内装に仕上げ、インテリアもヴィンテージにこだわれば、重厚感あるイメージが完成します。

都内でいえば、60年代、70年代に建てられたホーマット、ペアシティ、ドムスという三つのシリーズは、非常に風格あるマンションだと感じます。また、広尾ガーデンヒルズなども、築30年を超えて建物周囲の緑が生い茂り、とてもいい雰囲気を醸し出しています。そうしたシンボリックな高級マンションならなおのこと、奇抜すぎるものを除き、何度リノベーションしても市場価値は維持されていくと思います。

これからヴィンテージになるマンションとして、元麻布ヒルズ、六本木ヒルズ、青山パークタワー、グランドメゾン恵比寿の杜、グランドメゾン白金の杜、グランドヒルズ白金台などは、時間の経過とともにどう変化していくのかが楽しみです。

低層マンションであれば、パークマンション南麻布、パークマンション西麻布、ザ・パークハウスグラン南青山などもあります。格式高い独特の雰囲気があり、新築物件より高値で売買されています。将来的に、ヴィンテージマンションとしてすばらしい魅力を放っていくに違いありません。

一戸建てよりマンションの方が、実は寿命が長い

ここまでお読みいただき、賃貸より持ち家のメリットが大きそうだと思われた方もいるでしょう。住宅の質が高く、自由にリノベーションでき、家賃と同等の支払いで自分の資産になり、貸したり売ったりすることもできると考えたら、メリットは圧倒的に大きいと思います。

とはいえ、一戸建てがいいか、マンションがいいかでまだ迷っている方がいるかもしれません。木造建築か、鉄筋コンクリートか迷っているのであれば、強度や耐久性といった資産価値で比較してみてはいかがでしょうか。

一戸建ては寿命が30年〜80年といわれます。日本の税制上では、住宅用の木造建築は22年で減価償却が終わります。実際のところ、定期的にメンテナンスをしていれば50年以上使えるとされていますが、マンションとは違い、どうしても老朽化が目立ちます。

一方、マンションの寿命は先述した通り、約117年。維持管理次第ではさらに長い期間になります。セキュリティ・耐震性・安全性で、木造建築を大きく上回っています。長い目で見たとき、マンションの方が寿命が長くていいのは明白です。

また、マンションのデメリットとして、管理費、積立修繕費、駐車場代がかかるからもったいないと考える方もいるでしょう。新築一戸建てを主に販売する不動産会社の営業マンからもそうやって営業されることも多いと思います。

しかし、管理費は別として、戸建ても修繕費は必要です。約10年ごとにやってくる外壁、屋根の塗装・修繕の費用を貯めていく必要があります。そのために毎月1万円~1万5千円積み立てておくのと同じです。お金があるとつい使ってしまうという人も、強制的に徴収されて貯まっていくと考えれば、それほど苦にならないのではないでしょうか。

第2章

「55㎡の2LDK」に最も価値がある理由

10年後に価値が2倍になるマンション、半分になるマンション

第2章では、高級マンションを買う基準と、資産価値の高いエリアの探し方についてお伝えします。

10年後に価値が2倍になるマンションの条件は、まずターミナル駅の周辺を選ぶこと。もしくは、再開発が予定されている駅近くの物件を選ぶことです。再開発の情報は、例えば「東京（地域名）再開発」と検索すればたくさん出てきます。

都内なら、虎ノ門・麻布台・神谷町・赤坂、大手町・丸の内、八重洲・日本橋・京橋、渋谷、品川・高輪ゲートウェイ・武蔵小山、新宿・西新宿・歌舞伎町、池袋などがヒットするはずです。

再開発には、道路計画も含まれます。車が入れなかった土地に車が入れるようになったら、それだけで価値は大きく上がります。例えば、新橋・虎ノ門間では、終戦直後に計画された都市計画図に基づいて、通称「マッカーサー道路（環状第2号線の一部）」が戦後70年経って整備が整いました。その影響で地下トンネルの地上部にできた虎ノ門ヒルズをはじめ、大きな商業ビルができはじめています。

そうすると人流が増え、セオリーとして価値が増加します。新しい道路ができる、あるいは2車線道路が4車線になって道路が太くなると利便性が上がり、土地の価値も上がります。

また、オフィスの多い駅周辺も価値が倍になる可能性があります。人が集まる理由の一番はやはり「仕事」。東京に人が集まる理由も、仕事があるからです。これは外してはいけないポイントです。

湾岸エリアが栄えた理由も、実は都心に仕事があるからです。湾岸エリアだとオフィスの多い港区、中央区にも通いやすいので、そこに住居があると深夜でもタクシーですぐに帰れて便利だと人気になったのです。ビジネスの中心がどこなのかを考えて、その駅あるいは、そこから伸びている沿線にマンションを買うと、価値が2倍になるようなラッキーなことが起こりやすいといえます。

ビジネスの中心がどこかというと、都内であれば新宿から東京駅まで。山手線の下半分と考えるといいでしょう。ここにアクセスよく出られる駅の近くであれば、山手線の外側でも問題はありません。物件として強い、値下がりしないマンションということになります。

ここでみなさんが疑問に思うのは、田園調布や成城学園前、めじろ台など高級住宅地と呼ばれる場所はどうなのか？　ということでしょう。

正直に言って、マンションに5000万円～1億円を出すなら、ほかの駅を選んだ方がいいと思います。もちろんそれら高級住宅地のイメージがついている場所に価値がないわけではありません。でも、そこで買うなら戸建てです。そもそも田園調布、成城学園は戸建てエリアで、不動産市場も戸建てが強いのです。そこでマンションを買ってもリセールが効かない可能性があるというのが理由です。同じ理由で中野、西荻窪、荻窪あたりも戸建てエリアのため、マンションのリセールは効きづらいといえます。

ビジネスという観点ではありませんが、高円寺、吉祥寺、代々木公園など、人が集まる公園や商店街が駅の近くにある場所は、人気のエリアなので、購入はした方が良い場所です。

逆に、10年後に価値が半分になるマンションは、駅から遠いマンションです。たとえ新築で買っても、駅から遠く、バス便のマンションを選べば、自動的に半分になります。仮にそのバスがなくなったら交通手段がなくなります。すると買い物をする場所まで車かタクシーということになる。そういう場所に誰が高いお金を払うでしょうか。

またワンルームマンションも供給過多の状態のため、半分になるとはいえませんが資産価値は下がる傾向です。東京には常に新しいマンションが建設され続けています。そのとき、築30年のワンルームと築4年のワンルーム、どちらに入居したいでしょうか。古いほど値段が下がり、賃料も下げないと借り手もいません。新築・築年数が若いというアドバンテージが消えた瞬間、価格競争に巻きこまれていきます。投資目線で考えるとそれは当然のことです。

立地がよく、ワンルームでなくても、目の前に大きな建物が建ち、眺望がさえぎられてしまうと、これもまた価値に影響を及ぼします。高級マンションとそうでないマンションの違いには、眺望が大きくかかわっています。東京タワーが見えていたのに、目の前に建物が建って、東京タワーが見えなくなったとしたら、相当なダメージがあります。

ハザードマップで液状化、津波、洪水、土砂災害などの警戒地域に指定されている地域は言うに及ばず、高低差の激しい場所、がけの上（下）も避けるべき地域でしょう。

住宅ローンは2本でも3本でも組める

「住宅ローンは一人1本である」

それが世の中のスタンダード、常識だとされています。実は、みなさんが知らないだけで、条件さえ満たせば2本でも3本でも組むことができるのです。

その条件とは、住み替えること。ただし、住み替えには付属の条件が5つあります。

条件1．今、住んでいる家より広いこと

条件2．自分が住むこと

条件3．融資を受けるタイミングで、今、住んでいる家の市場価格が残債を上回っていること（家の売価に対して残債の方が低いこと）

条件4．住み替える動機の納得性が高いこと（例えば、「家族が増えて家が手狭になった」など）

条件5．社会的信頼性が高いこと（実績ある企業に3年以上勤務し、ある程度の収入があること）

私のお客さまでも、この条件を満たすことで過去に3本の住宅ローンを組んだ方がいます。

1軒目はまさに本書がすすめる55㎡の2LDKでした。そこから少しずつ広くなり、2軒目は60㎡の2LDK、3軒目は75㎡の3LDK。3軒合わせてローン総額は約1億3000万円になりましたが、何も問題はありませんでした。それどころか、1軒目、2軒目を賃貸に出し、家賃収入からローンの支払いを引くと毎月何十万円かプラスになっている状態でした。

忘れてはいけないのは、確定申告で家賃収入を申告し納税することですが、そこもきちんとやっていました。

では、実際に住宅ローンを3本組むにはどうすればいいのか、もう少しお話ししましょう。

2本目を組むときは、ダブルローンで組みます。この場合、一つの銀行で2本のローンは組めないので、1本目とは別の銀行を選んでください。また、ダブルローンを組む際には、年収に対して返済比率が40％以内（銀行ごとに規定があります）と決まっています。その範囲に収まっていれば問題ありません。

3本目になると、逆に融資条件がゆるくなります。銀行は変える必要がありますが、「売却する意向がある」という前提を銀行側が認めれば、返済比率が40％を超えてもローンを組むことは可能ですし、実際には売らなくても大丈夫です。

そうすると、2本目はダブルローン、3本目は返済比率不算入の普通の住宅ローンで3本のローンが完成します。基本的には返済が滞らない限りは、銀行側が借主に対してあとから実態調査をかけるようなことはないようです。

「でも、3本もローンを組む人なんて本当にいるの？」と思われるかもしれません。

この事実を知らない人が多いだけで、「住宅ローン2本」という人は意外なほど多いです。「住宅ローン3本」組んでいる方も実際にいらっしゃいます。特に商社勤めの方は、最初は自分が住むつもりで家を買っても、海外転勤が決まれば賃貸に出すのが一般的です。日本に戻って自分の家をもう1軒買ったところで家族が増え、それも賃貸に出して、さらに広い家を買うのは珍しいことではありません。そう聞くと、やりたいと思う方がたくさんいらっしゃるのではないでしょうか。

新築より中古マンションを買うべき理由

新築より中古マンションがいいのは、まず価格が安定していることです。新築マンションの値段は広告費用やディベロッパーの利益を足して算出される価格であり、売り出し価格が高いのは当たり前。一方の中古マンションは、物件周辺の取引事例から算出されるため、新築と比べると安く、ある程度の相場が見て取れるというメリットがあります。

また、新築の場合はモデルルームで判断することが多いと思いますが、モデルルームと実物は如実に違います。私も新築マンションの販売をしていた時期があるのでわかります。モデルルームは、〝オプション工事〟と呼ばれる追加装飾が約2000万円分程度入っています。それで洗練された見栄えに圧倒されて、高額でも契約してしまいます。しかし、実際に引き渡される家にオプションは付いていませんから、モデルルームとは全然違った印象を受けると思います。モデルルームの印象が良いほど、どうしても見劣りを感じてしまいます。

引き渡し時期も重要で、新築の場合は契約から2年後、3年後というケースもあります。そのときには相場が上がっていることも、下がっていることもあるでしょう。また、待っている期間は賃貸暮らしを続けなければなりません。もっといえば、新築マンションは手付金を1割入れないといけないことが多いので、マンション価格が7000万円であれば1割の700万円が2～3年、塩漬けにされてしまいます。仮に7000万円を運用すれば年間3～5％ぐらいは利益が出るはずなので、計算すると年間で35万円、3年だと105万円です。多額の現金を動かせなくなるのは痛いです。

もちろん3年後に新築を手に入れて、物件によっては、むしろ新築のときより相場が高くなっている場合もあります。さらに、誰も住んでいない家に住む高揚感、プレミアム感は格別です。一概に新築が悪いわけではありません。

しかし、モデルルームは静かだったけれど、実際に引っ越したら、道路から一本奥に建っているのに車の音が大きくて、窓を開けるとテレビの音が聞こえなかったといったこともあります。新築の場合は実際の部屋との違いが確認できないために、正確な判断がつきづらいというデメリットがあるのは否めません。

また、新築は同じエリアに建つ中古マンションと比べて1～2割高く販売されていることが多いのですが、売りに出す場合は中古マーケットの価格で売れることが多いので、実質的にダウンすることもあり得ます。私のお客さまには、「中古相場をウォッチしておいた方がいいですよ」といつもお話ししています。

実際のところ、新築マンションを買いたいニーズは高いのですが、価格が高すぎるので手が届かず、築浅の中古マンションを探す方が数としては多いです。新築マンションは明らかにエリアの最高値なので、「そこまで出して買うべきか？」と考える人が中古マンションを買っているように感じます。

それに、当然のことですが、中古マンションの方が物件数として多いので、選択肢が広がります。新築は数が少ない分、立地を選べないことがほとんどです。東京都内でいえば、いい場所はすでにほぼ埋まっており、高級マンションでもちょっと外れた場所に建つことが多いと思います。一方、中古であれば、自分たちは駅の南側がいいと思えばそのエリアで選ぶことができる。それが中古マンションをおすすめする理由です。

1軒目なら「55㎡の2LDK」が最強

日本のことわざに、「安物買いの銭失い」があります。これは、「江戸いろはかるた」に登場することわざで、安物のタンスを買ったものの引き出しが抜けず、結局はタンスを買い直して高くついた、というところからきているそうです。

マンションを購入する際にも「不動産投資をしてみたいけれど、初期費用は抑えたい」「高額ローンは組めたとしても〝莫大な借金〟を抱えるのは不安」…こんな気持ちから、1軒目の投資用不動産として敷居の低いワンルームマンションを選ぶ人は多いと思います。

実際に、ワンルームマンション投資は、サラリーマンでも気軽に始められるものとして、数年前より人気が加熱しています。しかし、ワンルームマンションの需要は下がり続ける可能性が高く空室リスクも高いといえます。

最も大きな要因は少子高齢化です。2021年の日本の人口は1億2570万人ですが、30年後の2050年には9193万人になる見通しです(平成23年2月21日国土審議会政策部会長期展望委員会)。ものの30年で、3000万人もの人がいなくなるのです。

主な入居者が若い世代であるワンルームマンションは大打撃を受けるでしょう。東京都心の大学も、人口減少で学生を集めることができない現実があることを知っておかなければなりません。

しかも、ワンルームに入居するのは学生が多く、退去頻度も高い傾向があります。つまり、原状回復費や入居者集めの広告費がかさみやすいのです。

将来的な資産価値、コスト面での負担を考えても、手狭なワンルームマンション投資はおすすめできません。

しかし、ある程度の広さがあれば人気は落ちません。では、どのくらいの広さがベストなのでしょうか?

答えは、「2LDK・55㎡」です。

6畳弱の居室が二つと、13畳前後のLDKがあるような間取りです。この間取りが最も需要が高く、空室リスクを避けることができます。

理由は、次の三点です。

1. 子どものいない30~40代の夫婦、同棲カップルから支持される
2. 子どもが一人いる夫婦にも選ばれている
3. 単身者にも「広すぎない」ので人気がある

少子高齢化の影響を受けにくい物件を選ぶとすれば、ファミリー向けという条件は外せません。しかし、これが3LDK・80㎡だと今度は広すぎます。当然、ローン返済も高額になり、場合によっては融資金額の上限の関係でローン審査が通らないこともあります。

例えば、都内の超一等地、六本木一丁目の最高級マンションを買おうと思ったら、80㎡の相場価格は2億円以上するでしょう。しかし、55㎡なら1億円前後。夫婦で住宅ローンを活用して、がんばれば住める価格です。

結果的に、1LDKでも3LDKでもない、「2LDK・55㎡」が選ばれるというわけです。

なお、50㎡以上であれば住宅ローン控除の対象になります。5000万円の物件の場合、現金ベースで年間20～40万円も得することができます。住宅ローン控除は10年（新築の場合は13年）間続きます。どれだけお得かは、すぐに計算できるでしょう。

このように、「2LDK・55㎡」のマンションは、住んでよし、売ってよし、貸してよしの「三方よし物件」です。

タンスであれば、仮に「安物買いの銭失い」なっても数万円の損失で済みますが、マンションはそうはいきません。金額は数千万～数億円の単位、おいそれと買い直すのも難しい世界です。
選ぶべき物件をきちんと把握し、「いいもの買いの銭増やし」を目指しましょう。

高級マンションの売買は7大都市がおすすめ

高級マンション売買に最適な都市といえば、やはり5つの大きな都市圏の中心都市である東京・大阪・福岡・名古屋・札幌。本書ではそこに横浜と京都を足したいと思います。マンション購入を考えるなら、仕事と人が集まる7大都市の代表的なエリアに買うのがおすすめです。

広い目で見ると、日本は東京の都心が最も相場価格が高く、2022年6月時点の売り出し相場価格は東京都の平均で1㎡あたり89万円なのに対して、都心3区と呼ばれる千代田区、中央区、港区の㎡単価は144万円。ちなみに、前項で例に出てきた六本木一丁目の㎡単価は248万円です。それゆえに、東京は一極集中といわれます。

しかし、人は東京だけに集まるわけではありません。首都圏でも神奈川周辺に住んでいれば横浜も候補になりますし、関西圏の人なら大阪か京都、九州圏の人なら福岡、名古屋周辺の人は東京か名古屋で迷うと思います。三重の人なら大阪か名古屋で迷うでしょう。要は「そこに仕事がある」から人が集まってくるのです。地方は一次産業がメインですが、二、三、四次産業が発展しているのはやはり都市部。必然的に仕事が集中するので人が集まり、娯楽が集まります。

例えば名古屋なら栄。大阪なら御堂筋、心斎橋の周辺、梅田など。福岡なら博多や天神というように、やはり都市部に人は集まってきます。それによって住宅ニーズも高まります。

では、仕事と人が集まると、高級マンションの売買に好適地になるのはなぜでしょう。仕事があって人が集まると、競争の原理でそのなかから収入の格差が生まれ、豊かな人が生まれます。さらなる向上心のある人はよりよい暮らしをしたいと思い、高級マンションを選ぶ人が増えてくると考えられます。

人間の性として、平安時代や弥生時代にさかのぼっても、豊かな人はいいところに住み、装飾品を身に着け、文化的な生活をしてきました。そうすると必然的に住まいも人と差別化したくなる。上昇志向が集まる都市部で高級マンションが選ばれるのは、そのあらわれだと思います。

そうなると、注意が必要なのは7大都市以外ということになります。今はリモートで仕事ができる時代ですが、オフィスがない、人がいない、娯楽がない、利便性が低い……そんな地域でマンションを所有しても、たいていの場合その先の未来はありません。

反対に、7大都市は2014年以降ずっと上がり続けていて、この先も下がる要素は見当たりません。

日本経済を潤すハブには仕事、人、お金が集まり、その結果、いろいろな需要が生まれます。そのなかには高級住宅も含まれ、競争が起き、価格差がつく。安い物件を持っていても競争に勝つことはできません。

インカムゲイン（家賃収入）とキャピタルゲイン（売却益）

投資の世界ではインカムゲイン、つまり月々に入ってくる収入を狙うのが常識です。家でいえば、家賃収入です。賃貸料から管理費、修繕積立費、さらに住宅ローン返済分を引くと、純粋に毎月手元に残るお金が出てくる。それがインカムゲインです。

それに対してキャピタルゲインは、自宅を売却したときに得られるプラスの損益＝売却益のことです。

不動産を所有するのであれば、人に貸した際にはインカムゲインが必ず発生し、数年後に売却したときキャピタルゲインが必ず出るマンションを選ぶことが、自分や家族の将来設計を考えることになります。

ちなみに、インカムゲインで考えると、東京都心の不動産の利回りは3％後半から4％台です。実質利回りに換算すると4％出るか出ないか。表面利回りだと4～4・5％ぐらいです。

利回りとは、投資用不動産の運用で得られる1年間の見込み収益のこと。仮に利回りが10%だとしたら、自宅を人に貸して、10年後に投資金額を全額回収できる計算になります。私が不動産業界に入った頃は、ワンルームマンション投資をやっている人は少数派だったので、利回りは今では考えられないような表面利回り10%を超えて11~12%という驚くべき数字でした。

また、利回りは大きく分けて表面利回りと実質利回りの二種類があり、表面利回りは買った金額と家賃収入だけをもとに算出されるため、実際の収益より多い計算に。実質利回りは、表面利回りから購入した際の諸経費や管理・修繕費・固定資産税等を抜いた利益率となり、より実際の収益に近くなります。

このほか「想定利回り」「現行利回り」という言葉を聞いたことがあるかもしれません。想定利回りは、1年を通じて満室で稼働した想定で計算した利益率のこと。都市部や駅から離れ、ニーズがない物件は空室になることも多く、想定利回り通りにならないこともよくあります。一方の現行利回りは、実際に家賃収入がある月だけを計算して出した利益率のことです。

最近の広告のなかには、「話題のワンルームマンション投資！　月々15、000円の積み立てで、将来2000万円の資産が手に入ります」なんて、奇想天外な謳い文句を見つけることがありますが、私に言わせれば、それは不動産投資ではありません。なぜなら、インカムゲインの発想で考えれば、月々の収入もなく、35年間、毎月15､000円を払い続けてマイナスになるからです。「団体信用生命保険もついて、老後の年金になります」という売り方なのですが、インカムゲインがマイナス（年間18万円×35年＝630万円）で、2000万円のキャピタルゲインだけ目指しましょうという投資にリアリティはありません。そもそも35年後にその不動産が2000万円で売れるかどうか、誰にもわかりません。

こうしたワンルームマンションの投資話に乗って、「3軒も不動産を持っている」という人もいます。地方の公務員や士業の方に多く、東京から来た営業マンと契約したという話をよく聞きます。しかし、老朽化してまったく売れない可能性もあると考えれば、投資金額の回収もできない、むしろ危険な投資です。

実体のないワンルームマンションの投資話ではなく、自分が住むための家、まず55㎡2LDKを買って、インカムゲインとキャピタルゲインを両方得る実体験をしてみること。そのために立地を正しく選択することが何より大切です。

プロの投資家は「駅直結」を選ぶ

そこで次に、プロの投資家はどういう目線で物件を見ているのか、お話したいと思います。

駅から徒歩7分の物件と駅直結の物件、どちらのメリットが高いかというと、当然、駅直結です。エリア内ナンバーワン物件が多いので、買って間違いありません。

駅直結の物件とは、品川でいえば品川Vタワーがそうです。駅からエントランスまでは5～6分歩きますが、ビッグターミナル品川駅から専用デッキ（ペデストリアンデッキ＝駅ビルと周辺のマンション、商業施設を立体的に結ぶスカイウェイ）でつながるランドマークタワーで、どのマンションより近い駅直結の建物です。

Vタワーはエリアナンバーワンだけあって、賃料も55㎡で月26～28万円ほど。駅から雨に濡れずに家に帰れる安心感、セキュリティはもちろん、コンシェルジュによるフロントサービス、スカイラウンジ、シアタールーム、フィットネスルーム、コンビニといった施設も充実しており、快適なタワーライフを送ることができます。

駅直結マンションといえば、ほかにも高輪台のザ・ヒルトップタワー高輪台、池袋のブリリアタワー池袋、東池袋のエアライズタワー、豊洲の豊洲シエルタワーなどが挙げられます。

また、駅直結と同等の価値がある商業施設直結もプロは見逃しません。豊洲のららぽーと豊洲直結のアーバンドックパークシティ豊洲タワーなど、商業施設が生活圏になるメリットは計り知れません。天気に左右されないのは直結の特権。特にスーパーマーケットが入っている直結マンションの価値は、上がることはあっても下がることは当面、考えられません。

最近は、区役所や保育園が入っていることで話題のマンションも登場。個人的には、スーツを着る仕事柄、クリーニング店が入っていると大きなメリットを感じます。

なかにはホテル直結（併設）マンションも。馬車道駅直結のザ・タワー横浜北仲などがそうです。観光名所でもある桜木町へのアクセスもよく（徒歩8分）、ホテルと組み合わせていることで家族や友達が泊まる場所としても便利ですし、ホテル暮らしをするように高級マンションに住まうラグジュアリー感もあります。

プロはマンションのエントランスの世界観も大切にしています。高級マンションのいいところは、重厚感のあるエントランスや手入れのいき届いた植栽といったラグジュアリーな空間をみんなで共有できることです。エントランスまでのアプローチ、共有部分の廊下、エレベーターも含めた雰囲気は、次の買い手がつきやすいという意味でも、とても重要だと考えています。

実績があれば、タワマン最上階も夢じゃない⁉

最初は55㎡2LDKのマンションを買って、貸したり、売ったりしながら住み替えるうちに、誰もがうらやむ高級タワーマンションの30階以上の家を購入。夜景がすばらしく、友達も「また遊びに行きたい」と言ってくれる。この家を売ったら、次は最上階に家を持てるかも…そんな未来予想図を現実にするのは、あなたかもしれません。

私のお客さまのなかにも、そういう方が多くいらっしゃいます。

Dさんは、2014年、東京オリンピックが決定したタイミングで、先述したアーバンドックパークシティ豊洲タワーを約6000万円で購入。当時、たしか33、34歳だったと思います。

そこに3年ほど住んで、相場価格が7800万円まで上がったところで売却し、多額のキャピタルゲインを得たのち、新駅・高輪ゲートウェイ駅のニュースが出るタイミングでコスモポリス品川を約8000万円で購入されました。そこが今度は9500万円で売れたのです。単純計算では、住み替えただけで約3500万円の貯金が貯まっていった状態です。

現在は、その売却益をもとにゴルフ練習場を経営されています。首都圏にある名門ゴルフクラブの近くで客足が途絶えず、事業も軌道に乗っているということですから、次はタワーの最上階も夢ではないと思います。

Dさんのようにキャピタルゲインが出ている人は、3年ないしは4年おきに住み替える人が多いです。あるいは、自分で2~3年住んで、2~3年貸して、長期譲渡で売って、買って。それを繰り返してスーパーお金持ちになる人もいます。

不動産の売買をする場合、買ってから5年以内に売ると利益の約40%が課税されます。キャピタルゲインが2000万円だとしたら、40%で800万円が税金に。6年以上の長期譲渡でも、40%の半分、20%で400万円の税金を取られます。ところが、前述しましたが、自宅に限っては自分が住まなくなって3年以内に売却すれば、居住用財産の特別控除で3000万円まで非課税になるのです。

そうした税制優遇のしくみもしっかり利用することで、1000~2000万円の利益が生まれ、実績を積み上げていけば、よりよいマンションに住み替えを続けていくことが可能です。

第3章
マンションは「リセール指数」で買いなさい

「リセール指数」＝売却益×売りやすさ×値上がり率

第3章では「リセール指数」という考え方についてお話していきます。

「リセール指数」とは、取得した物件を再び売却する際の資産価値をあらわすオリジナルの言葉です。「リセール指数」が低いほど値崩れしやすく、高いほど売却益が多く見込めます。「リセール指数」の高い高級マンションを選ぶことが、「住み替え長者」になる秘訣です。

ビジネスの世界には逆算思考というものがあります。

逆算思考とは、ゴールを起点にタスクを決める考え方のことで、多くの成功者だけでなく、スポーツ選手の間でも活用される自分の目標を確実に達成するための思考法です。

この逆算思考は、実は不動産で成功している富裕層も共通の認識としてもっています。

ライフステージが変わることで住み替えを検討するとき、現在の家を売却する、あるいは、保有して賃貸にする、という選択肢が発生します。

ですが、売却の場合、どうしても売りにくい物件が存在します。例えば、広すぎて販売価格そのものが高くなったり、古すぎてリフォーム費用がかさみ、売値を上げざるを得なくなったりして、買い手側に割高感を与えてしまう家です。

たとえ高級マンションでも、中古マンションで価格が高すぎると、それだけで購入を検討するお客さまの層は狭くなってしまいます。

また、駅から徒歩15分以上やバスを利用しないといけないエリア、都市部へのアクセスのよくない駅など、不便な場所にある物件もなかなか買い手がつきません。売れたとしても、思い通りの価格では売れない可能性が高いでしょう。売却が難航すると、住み替えのための資金調達が難しくなってしまいます。

しかし、不動産の成功者たちは逆算思考を使って、住み替えによる売却というゴールを想定して逆算し、買うべき物件を探しています。

では、そのような物件を、どう探せばいいのか。

その際、私が基準としてお伝えしているのが、本書のテーマの一つである「リセール指数」です。

これは私が10年以上、不動産会社に在籍し、東京都心の高額不動産の売買・賃貸仲介の実績を積み上げてきたなかで編み出した、売却を前提とした優良物件を見極める評価スコアです。私自身、3回の住み替えを行い、すべて売却益、賃貸利益を出しています。

その後、さらなる理想を追求するために独立。「リセール指数」を使ってお客さまのライフステージに合わせた住み替えを提案してきた結果、渋谷区、港区、目黒区エリアで「友人・知人に紹介したい不動産会社No・1」に選ばれるようになりました。

「リセール指数」は、「売却益×売りやすさ・貸しやすさ×値上がり率」で決まります。

・10年後、20年後に売ったときに値上がりする物件か？
・売りたいときにすぐ買い手がつくか？
・10年後、20年後も高く貸せるか？
・借主が退去しても次がすぐに決まるか？

これらを評価して、表に点数を入れ、点数の高い、つまり「リセール指数」の高い物件を検討していきます。

リセール指数がアップする5原則は次の通りです。

1. エリアの優位性

交通の利便性が高いこと
特に、都市部へのアクセスがよいこと

2. 立地の優位性

駅に近い、商業施設がある、再開発エリアであるなど

それによって土地の価値が高いこと

3. ブランドの優位性

知名度が高く、エリアを代表するマンションであること

東京でいえば、白金、青山、表参道、六本木、広尾など、誰もが知っているブランド

価値の高い住居表示をもっていること

4. 眺望の優位性

オーシャンビュー、緑に囲まれている、公園のすぐ近く、富士山や東京スカイツリー、

東京タワーが見えるなど、ほかの建物に邪魔されることなく眺望がよいこと

5. スペックの優位性

広さ、築年数、総戸数、部屋のきれいさ、豪華なエントランスやゲストハウスなど共

有部の設備やサービスが充実、コンシェルジュが常駐しているなど

これらのポイントが含まれていると、「リセール指数」の評価が上がります。

不動産成功者は、「リセール指数」の高い「お金持ちマンション」を選びます。みなさんもこの「リセール指数」を基準に住居を選び、「住み替え長者」になってください。

高級マンションは「リセール指数」を基準に買いなさい

前項でお伝えしたように、「リセール指数」は、「売却益×売りやすさ×値上がり率」で決まります。

まず、「売却益」「売りやすさ」「値上がり率」について一つずつ解説します。

●売却益

売却益は、残債との相関関係でみていきます。まず、仮に8000万円で購入した築5年の物件で、住宅ローンを8000万円で組んだ場合の10年後の残債を計算してみましょう。ローン期間は35年、金利0・525％で、2023年7月に返済をスタートしたとします。10年後の2033年7月時点での残債は、5862万2007円で、10年間で26・7％、4分の1以上返済している計算になります。今の日本は驚くほどの低金利なので、住宅ローンの残債もかなり少なくなっている印象を受けると思います。

次に、8000万円の物件が10年後にどうなっているかを予測します。私がよく参考にするのは、ライフルホームズが提供しているWebサービス「プライスマップ」です。620万戸以上のマンションの参考価格を公開しているサイトで、同じエリア内の築15年のマンション価格を見ると、今とどれぐらいの価格差が出るか見込みが立つと思います。1か所だけでは不安ですから、5～10か所調べて平均価格を出すのもいいでしょう。

(※相場は10年間横ばいと仮定)

そして、売れそうな金額からローンの残債を引いてプラスになるか、マイナスになるか計算します。例えば、8000万円で買ったマンションが10年後に7500万円で売れる見込みなら、5860万円を引いて1600万円以上のプラスになります。

それが売却益の目論見です。【予想売価－ローンの残債】で、より利益の高い物件を選ぶことが大切です。

また、人に貸した場合の賃料も相場を調べて計算してみることをおすすめします。月額30万円が相場だとしたら、礼金・更新料・(敷金)などを入れて、年間に入る家賃はだいたい12〜12・5か月分ですから1年で360万円、10年で3600万円の家賃収入が得られる計算です。

●売りやすさ

売却益に対して、売りやすさは10年後の換金性、希少性を考慮します。売りたいときにすぐに買い手がつく前提としては、エリア（人が集まる場所）や立地（駅から近い・複数路線のターミナル駅）のよいことが最上位ですが、広さや居住の快適性、日常生活の利便性、生活環境などが大きくかかわってきます。

注目すべきは広さです。日本では70㎡前後の広さの物件数が一般的です。したがって競合が激しくなり、売れづらい物件ということになります。もちろん人によって快適な広さは違います。しかし、あくまで「リセール指数」の観点でいうと、いわゆるファミリータイプの70㎡の3LDKは世の中にあふれているので、ほかの㎡数の物件と比較して低いと考えた方がよいといえます。左ページのグラフを見ると、80㎡以上、100㎡以上になると絶対数が少ないこともあって「リセール指数」が高く、最も高いのは50㎡台であることがわかります。

生活の利便性も売りやすさに直結します。教育施設、商業施設、ランドマーク的な施設など、日々の生活利便性が高い施設が近くにあると売りやすいといえます。また、マンションの1階にスーパーや飲食店、医療機関が入っている、住戸が上層階の角部屋、リフォーム済みであるなど、ほかのマンションの住戸と比較して売りやすい魅力があるかどうかもポイントです。その逆で、スーパー、コンビニが近くにない、小学校・中学校が近くにない物件は、買い手を探しづらいことが多いので要注意です。

そのほか、ある程度の戸数もある

首都圏　築10年中古マンション
占有面積帯別リセールバリュー（平均91.9%）

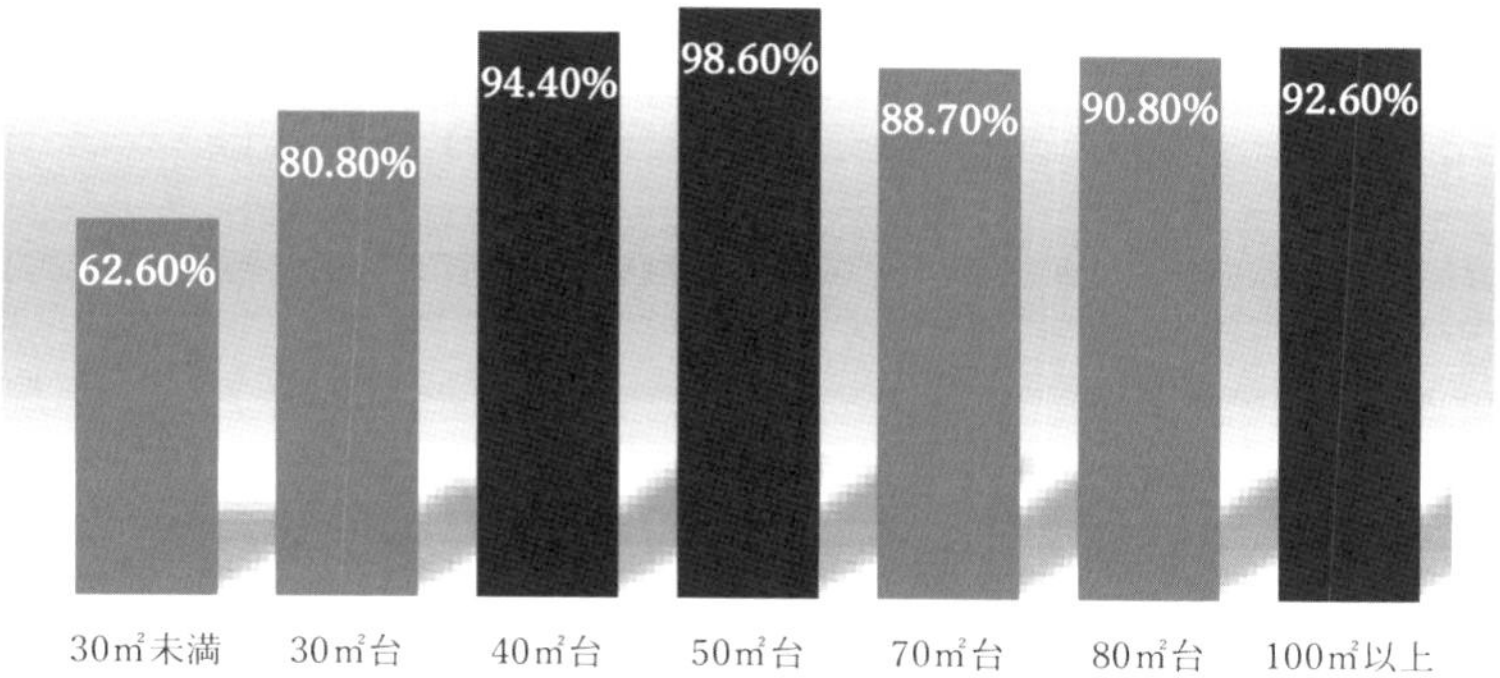

三井住友トラスト不動産のデータを元に作成

と、管理費・修繕費が抑えられる傾向にあったり、共用施設が充実していたりするので、競合優位性があるといえます。

これらは賃貸に出す場合にも、「貸しやすい」「退去してもすぐに次の借り手がつきやすい」という点で重要なポイントになります。

●値上がり率

三つ目の値上がり率は、将来的に繁栄する場所なのか？を見極めるのがポイントです。

第一章でもご紹介したRESASなどを参考に、人口が集まる場所・沿線を選ぶのが第一優先ですが、ほかにも大規模な開発があるか、再開発地域か、新駅・商業施設・オフィスビルなど大規模な施設が近くにあるか、といった観点で物件を見定めることが大切です。「地域名&再開発」で検索すると、大規模な再開発事業が計画され

「リセール指数」算定表

駅からの距離（徒歩）	11分以上	0	10分以内	1	7分以内	2	5分以内	3	3分以内	4
間取り	1LDKかつ55㎡以下	0	55㎡以上・1LDK	1	2LDK～3LDK	2	4LDK　3	3		
地域の人口予測	減る見込	0	変わらない	1	増える見込	2				
マンションブランド	無名	0	中堅	1	大手	2				
築年数	11年以上	0	10年以内	1	5年以内	2				
希少性	ない	0	低い	1	高い	2				
利便性	ない	0	低い	1	高い	2				
商業・教育・医療施設	ない	0	良い	1	とても良い	2				

ているかどうかだけでなく、新駅計画、都市計画道路もすべてぶら下がって出てきます。
また、東京カンテイの「価格天気図」を見ると、全国の中古マンションの価格動向がお天気マークでわかりやすく表現され、継続的にウォッチすることで価格の上がり下がりが理解しやすくなると思います。不動産のプロが参考にするサイトなので、正しい情報が得られるはずです。よければ参考にしてみてください。

需要に対して供給が少ないほど選ばれる確率が上がり、「リセール指数」が高くなります。

右ページの表にしたがって購入予定の物件を0〜3点で評価し、合計点＝「リセール指数」の高い物件を選んでいきましょう。

一瞬で物件価格が2倍になる再開発エリア

値上がり率が飛び抜けて高く、マンション価格が一瞬で2倍になる代表的な例といえば新駅です。ここでは高輪ゲートウェイ駅を例に、新駅開業による物件価格上昇の裏側を解説したいと思います。

2020年、JR山手線に新駅・高輪ゲートウェイ駅が開業しました。1971年の西日暮里駅以来、49年ぶりのことです。新駅建設が発表されたのは2014年。実はこのときすでに、爆買いが始まっていました。「新駅が品川と田町の間にできるらしい」と噂が流れた時点で周辺の物件が買われはじめ、今の高輪ゲートウェイ駅から徒歩10分圏内のマンション価格が軒並み上がりました。

当時、建設ラッシュがあったわけではありませんが、売りに出されていたマンションは一瞬で売れてしまうほどの人気ぶりでした、もともと1坪250万円ぐらいのエリアが、新駅ができれば駅前が再開発されるという期待値だけで一気に350万円に上がりました。今は高いもので450万円まで跳ね上がっています。まさにゴールドラッシュです。

もともと車両置き場だった広大な敷地が駅になるということで、「駅の入り口はこのあたりか？」という読みが働き、「もしかしたら芝浦のケープタワーも新駅に近いのでは？」といった憶測も飛び交い、そこここの既存マンションの値が上がったと考えられます。

その後、JR東日本が駅前周辺地区を「グローバルゲートウェイ」として、5000億円を投じて再開発。オフィス、ホテル、マンション、商業施設を含む高層ビル複数棟を完成させ、2025年度中にはすべての街区が完成予定となっています。住宅棟は地上44階、地下2階建ての予定で、国際水準の高層高級賃貸住宅になるのだとか。2022年時点で、新駅から最も近い泉岳寺駅（都営浅草線）周辺には目立った高層ビルはないため、新駅の活性化によって、不動産価格にも大きな影響を与えるのは間違いありません。3棟のオフィス・ホテル・商業の入る複合棟に1棟の住宅棟。住宅棟にはインターナショナルスクールも入り、国際的なビジネスの拠点となるべく開発が進むので、新しくエリアを代表するマンションになることは間違いなさそうです。

日比谷線の新駅・虎ノ門ヒルズ駅も同様で、駅周辺の再開発により物件価格が跳ね上がりました。今、建設中のタワーマンションは、おいそれとは手が出ないほどの高値がつきそうです。いずれは新宿副都心のようなビル群になると予測されています。

新駅ではありませんが、渋谷の再開発はまだ途中で、桜ヶ丘のあたりはこれから値上がりしていくエリアだと思います。

こうした例からもわかるように、再開発の発表があった時点ですでに金額が上がるケースが多く、今から購入を考えている方にとっては高い買い物になる可能性がありま す。つまり、買った瞬間に価格が2倍になるマンションではありません。しかし、5〜10年住んで価値が下がるかというと、その可能性は限りなく低いといえます。予測として、ゆるやかな右肩上がりになっていくのではないでしょうか。あとは時間の力を使って資産を築くという考え方にシフトすれば、「リセール指数」は高くなると思います。

狙い目は、再開発地域から少しだけ離れた物件です。例えば、渋谷から徒歩圏内の代官山などはまだまだ人が集まってくる人気エリアで、「リセール指数」の高い地域です。中でもブランドマンションは「リセール指数」が上がりやすく、どの会社が分譲・施工しているのかが重要なポイントになります。例えば、高輪ゲートウェイ駅の隣駅、品川のシティタワー品川は分譲会社が住友不動産、施工会社は竹中工務店でした。5年前に6000万円前後（坪単価240万円）だった物件が、今は7800万円前後（坪単価310万円）以上で売れています。

未来の兆しを見逃さず、早めに行動を起こすことが肝心です。もちろん、その時々の最新情報は私にお問い合わせいただければ、すぐにお答えします。

エリアで一番高いマンション価格を知っておく

「リセール指数」の高い物件の見分け方を知るうえで、住みたいエリアで一番高いマンション価格を知っておくのは大事なことです。

エリアのナンバーワン物件はどれなのか？　さらに、そのマンションの値動きをウォッチしていくことが重要です。株の値動きのように激しくはないものの、なぜ上がったのか、下がったのか、人口の増減とかかわりがあるのか、近くに新しい施設ができたのかなど、理由を考えるきっかけになり、不動産選びがどんどん身近になっていきます。

例えば、広尾の代表物件、広尾ガーデンヒルズは築35年を経てなお資産価値が上昇している「リセール指数」の高い物件です。都内では珍しく１００㎡以上の物件が多く、代表価格は2億円前後と別格な存在ではありますが、いくつもの棟に分かれ、戸数も多いので、定点観測することで周辺相場の値動きもつかめてくると思います。先ほどご紹介した「プライスマップ」などを活用して、3か月に1回ぐらい、「どれぐらい値動きするものなのか？」見ていくのもおすすめです。

エリアで一番高いマンションがわかると、そんなに価値のある場所だったんだ！　とあらためて気づくこともあるでしょう。土地勘がないとそこがどんな街なのかわかりませんが、最高価格の物件を知ることで、「リセール指数」の高い街も見えてきます。

例えば、品川区五反田5丁目周辺、通称「池田山」は、名前だけ聞くと高級感があるかないか判断できませんが、実は城南五山（池田山、御殿山、島津山、花房山、八つ山）と呼ばれ、古くからの高級住宅街の一つです。江戸時代から由緒ある大名屋敷や大名出身の邸宅、明治時代は貴族階級のお屋敷があったことで知られるブランドエリアであり、上皇后美智子さまの実家・正田家もここに居を構えていました。

しかも、城南五山はすべて山手線の内側（城南エリア）にあり、目黒・五反田・大崎・品川とビジネスの中心地にも近いのです。エリア内にある高級マンションは、ザ・パークハウス池田山、ブランズ目黒花房山など、住所ではなく城南五山の地名がマンション名に使われているのが特徴です。

こうした全国的には知られていない隠れた一等地にも、「リセール指数」の高いマンションが存在しています。「リセール指数」の高い街を知ることで、買った値段より高く売れるマンションを狙い撃ちできる可能性も高まります。

住み方・暮らし方が「リセール指数」を左右する

では、購入したマンションでどう暮らせば、売るときに「リセール指数」を上げることができるのでしょうか。値下げポイントをなくし、最大価格で売るためのコツをお伝えします。

ひと言でいえば、「ていねいに住む」ことが最も大切です。

小さな傷、摩耗、経年変化はしかたないところですが、明らかに壁に穴が開いている、フローリングに大きな傷が入っている、フローリングの下地が見えているなど、目立った箇所があると、売却する際にマイナスポイントになってしまいます。

水回りに関しても、お風呂の鏡のウロコ汚れなどはマイナスですが、定期的に掃除をしていれば、それほど重いウロコにはなりません。定期的に水回りの清掃業者を入れると、見た目も大きく変わってきます。「常にきれいに保っていく」「そのために何をするか？」と考えると効果的だと思います。

日々きれいに使ったうえで、定期的に業者を入れる最大のメリットは、ピカピカになるので「汚したくない」という欲求が出てくること。15年、20年経つと、たしかに古めかしくはなりますが、古いときれいは別問題です。きれいにしておくためには、最低2年に1回は、水回りの4点セット（トイレ・お風呂・キッチン・洗面化粧台）のクリーニングを依頼することをおすすめします。費用は概ね4～5万円。生活のきれいの積み重ねがリターンになると考えれば、やっておいて損はありません。

反対に、汚い部屋は買い手の印象が大きく変わります。きれいな部屋はあまり交渉が入らずに売れるのに対して、汚れている部屋は、どうしても金額の交渉をしたくなるのです。

ほかに買い手が敬遠したくなるのは、タバコのにおいがする家です。ですから、家の中で吸うのは絶対にやめた方がいいです。染みついたにおいは、洗面所にまで及んでいる場合があります。すでに吸っていたとしたら、家中の壁紙を替えることを検討した方がいいかもしれません。電子タバコであれば室内でもいいかもしれませんが、換気扇の下で吸ってもらうのがベストです。

また、ペットのいる家も注意が必要です。安くなってしまう代表的な例は、猫が壁紙で爪とぎをしているケース。犬も特に小さいときは壁や柱をかじることがあり、それもマイナスポイントになります。だからといって売れないわけではないのですが、買い手がその状況を見ると替えたくなる心理が働きます。

　私も含めて、多くの方が成長してきた過程で、洋服も、勉強机も、ランドセルも、親から中古を与えられた経験がほとんどないため、どうしても「きれいな部屋」「新品のような部屋」を潜在的にイメージしてしまうのです。内見で傷んだフローリングを見ると、替えたいと思うのは当然の心理・発想でしょう。

　逆に、ペットを飼うのであれば、事前にフロアコーティングするのがおすすめです。フローリングの寿命は15～20年ですが、フロアコーティングすると寿命が50～70年になるといわれます。業者に頼む場合、70㎡で30万円ぐらい。フロアコーティングをかければ、傷が付きにくいことはもちろん、油汚れにも強くなりますし、食べこぼしてもシミになりません。また、フロアコーティングすることでグリップ力が上がり、ペットがケガをしにくくなるので、むしろやってあげた方がペットのためにもなると思います。私も、今まで3回自宅を買って、3軒ともフロアコーティングを施工しています。

　何もしなかった場合はどうなるかというと、売りたい価格から100～200万円以上目減りする可能性が大きいといえます。購入する人が「このフローリングを替えたい」「壁紙も替えたい」と思えば、リフォーム費用分を売値から値引き交渉されるということです。

ちなみにフローリングの張替え費用は原価で1㎡当たり15、000円ぐらいします。そこに職人さんの工賃を載せて、70㎡だったら130万円ぐらいです。次に買う人は、そういう見方をしながら購入を検討することを、覚えておいてください。

駅距離Ｖ広さ・築年数Ｖ総戸数Ｖブランド Ｖ 管理

「リセール指数」の概念がわかってきたところで、あらためて優先順位を考えると、順位が高い順に、駅からの距離、広さや築年数、総戸数、ブランドのありなし、管理体制となります。

一番の駅からの距離は、みなさんも重要視されると思いますが、二番目に金額にかかわってくるのは広さと築年数です。ここは不動産のプロでも明言する人が多くいませんが、築年数によって金額は明確に変わります。大きくは1981年6月以降の新耐震マンションか、それ以前の旧耐震マンションかで、まったく金額が違います（一部、ヴィンテージマンションを除く)。
また、広さについては地方と都心で相場が異なります。都心は広くなるほど金額が上がります。これは、広い物件が少なく、需要があることの裏返しです。これが地方に行くと、反対に広い方が単価は安くなります。土地が余っているので広い物件が多い＝安くしないと売れないのです。都心はそもそも広い部屋の希少性が高い。それによって㎡単価が高くなります。ですから都心の買い方としては、予算内でできるだけ広い部屋を買う。そして、できるだけ築浅の物件を買うことが大事です。

その次に重要なのは総戸数です。おすすめしないのは20戸以下の小さなマンションです。どんな建物でも年を取ります。年を取ると、人間の身体と同じでメンテナンスが必要になってきます。外壁の塗装し直し、屋上の防水、共用部の補修などに対して修繕費用がかかってきます。それを誰が負担するのかといえば、所有者全員で作る管理組合です。管理組合のメンバーが20人以下になると、想像以上に大きな負担割合が出てくることは容易に想像できるでしょう。例えば、「一時金として、一人100万円出さないと大規模修繕ができない」という事態になることもあります。しかし、反対者が出れば資金を集めることができません。老朽化してもメンテナンスができなくなり、マンション価値が下がるというわけです。つまり、20戸以下はかなり注意する必要があるといわざるを得ません。

その反対で、200戸以上は大規模マンションと呼ばれ、修繕費の割安感はたしかにありますが、それが500戸を超えると、今度は不要な共有施設の多いマンションが出てきます。プールやフィットネスジム、シアタールームなど、使う人が限られる施設もあり、この維持管理費が高い傾向にあります。また、タワーマンションになると、免振・制振装置の地震対策費が必要です。これらを踏まえると、50〜200戸ぐらいがコストパフォーマンスのいいマンションといえるのではないでしょうか。

駅距離・広さ・築年数・総戸数をクリアすれば、次のブランドはそこまで大きな影響がないと思いますが、駅から5分のマンションを選ぶとして、大手が分譲したマンションを買うのか、聞いたことのない会社のマンションを買うのかと聞かれれば、大手を選びたくなるのが人の心理です。そう考えると、分譲会社（ブランド名・施工会社）のネームバリューも重要だというのが私の考えです。

日本にはメジャー7と呼ばれる分譲会社があります。住友不動産、大京、東急不動産、東京建物、野村不動産、三井不動産レジデンシャル、三菱地所レジデンスの各社は長年の実績もあり、「リセール指数」の高い物件を多く分譲しており、ブランドが確立されています。

最後の管理の重要性も低くはありません。SUMOなどに代表されるように、昔は紙だった物件情報が今はウェブ上で公開されていますが、マンションの管理情報までは、簡単に情報を取得することができません。管理情報とは、管理人が常駐しているか、日々の清掃が行われているか、管理費・修繕費の滞納が発生しているかといった点についてです。特に管理会社が入っていることが重要で、住民のみでマンションを管理する自主管理の場合は、住宅ローンが組めないこともあります。

管理が自主管理かどうかは、販売図面やネット上に書かれています。問題は修繕積立金がきちんと貯まっているか。貯まっているとして、適切なタイミングで大規模修繕ができているか。そこを不動産会社に確認することをおすすめします。不動産会社に依頼すれば、重要事項に係る重要事項調査報告書（修繕積立金の総額等の記載がある書類）を事前に確認することも可能ですので、やっておくとよいでしょう。

「リセール指数」の高い物件を絞りこんだあと、最後の詰めを怠らないことが、末永い家族の幸せと安心の第一歩になります。

第4章
優秀な不動産営業マンを見分けるたった一つの質問

お金持ちは物件条件よりも営業マンで選ぶ

第4章では不動産の専門家の選び方について、私の考えをお話したいと思います。

不動産の営業マンは物件情報やエリアの相場を知っているだけではプロとはいえません。プロとは、建物の構造や断熱、リフォーム、経済についても勉強し、努力し、お客さまのあらゆる質問に答えられる人材のことです。まず、お客さまから求められる不動産業にならないといけません。しかし、大手と呼ばれる不動産会社の営業マンでさえ、簡単な質問に答えられないことが多いのです。例えば住宅ローンの仕組みがわかっていない営業マンが数多くいます。

勉強不足の営業マン以外に、悪い営業マンも存在します。すぐに契約させようと焦らせる、あおる、コンプライアンス無視で毎日電話をかけてくる、ウソの広告で営業するなど、付き合ってはいけない営業マンもいるのが現状です。しかし、ここまでお話してきたように、家は買って終わりではありません。適切な時期に売って、住み替えをしながら家族が豊かに幸せになっていくことが目的です。そうであれば、長く付き合える良い営業マンを選び、次に売るときも同じ人に頼むのがいいというのが私の考えです。売買も賃貸も、リフォームも相続も、一人の営業マンにすべてお願いできるのが理想だと思っています。

営業マンにとってもリピーターが多いほどメリットがあります。その分、たくさん勉強し、熱意をもってそのお客さまにとって「住んでよし、売ってよし、貸してよし」のマンションを提案をします。

私自身、「お客さまは会社に付くのではなく、営業マンに付く」「生涯のお付き合いをしていただけるよう、信頼される仕事をする」をモットーにこの仕事をしてきました。おかげさまでお客さまのリピート率は高く、その方たちから大切なご友人、ご親族をご紹介いただくケースが非常に多いです。

良い営業マンかそうでないか、見分ける方法はいくつかあります。

一つは、「売るときもお願いできますか?」と問いかけてみることです。「売れば終わり」と考える営業マンは、お客さまのためではなく、自分の営業成績のために都合のいい物件を売ろうとします。なので、明確な回答は避けるでしょう。

しかし、付き合う価値のある営業マンは、「もちろんです」「売るときがきても、きっといい条件で売れると思います」と自信をもって答えるはずです。例えば、そのお客さまが10年ぐらいで住み替えを考えているとしたら、10年住んでも快適性があり、10年後に売っても値下がりしにくいマンションをすすめるでしょう。そして、その提案に至るまでにはお客さまの話をじっくり聞くと思います。

時代の流れ的には、ポータルサイトに載っている物件に一目ぼれして、「このマンションを買いたいんです」…というパターンも多いのですが、本当はご自身の人生設計をゆっくり考えたうえで、ちょうどいい物件を選んでほしい。私たちはそのお手伝いをするプロです。

ですから、いきなり80㎡のマンションがほしいとおっしゃるカップルがいたら、私なら「本当にその広さが必要ですか？」という質問から入ります。また、そのお客さまにとって「本当にいい家」になるかどうかは、所有する年数、現在のライフステージ、年齢によって変わってきます。それぞれのお客さまの立場に立ち、住み替えまで見据えた物件を提案し続けていけるのが良い営業マンだというのが、私の認識です。

リスクを教えてくれるかどうかも、良い営業マンを見分けるポイントです。

良い営業マンは、お客さまがたとえ一目ぼれしたマンションでも、立地条件がよくない場合は、「値下がり率がかなり大きくなる」「売れない可能性も出てくる」というリスクについて隠さず説明します。また、高校生のお子さんがいて、5、6年後、家を出て行く可能性があるにもかかわらず、今、広さが必要だからと郊外の広い物件を買おうとしたら止めるはずです。「だったら今は賃貸でもいいのではないですか?」という話です。無理に自分が利益を得ようとは思いません。

初心者の99%は、未来を見据えて得をするマンションを見極めることが難しい。だからこそ「その方向では損をしてしまいますよ」とお話しすることが重要です。リスクを伝えたうえで、お客さまが「やはりここで」とおっしゃれば、要望通りに動くのもまたプロの仕事ですが、会話のキャッチボールをするうちに、意見が堅実な方向に変わる方も半分ぐらいはいらっしゃいます。

それから、説明のわかりやすい営業マンかどうか。わかりづらい説明をする営業でトップセールスマンなんて、私は聞いたことがありません。みなさんも、何を言っているのかわからない人から高い買い物はしないと思います。また、知識だけは豊富でも、お客さまのニーズをつかもうとせず、自分の知識の披露しかしない人も選ぶべきではありません。

私が考えるトップセールスマンは、知識が豊富で専門性が高く、売却で成功するセオリーを持っており、熱意がある人です。そんな営業マンと出会うことができたら安心です。

こんな営業マンにだまされてはいけません

さて、突然ですが、鳥類の中でも究極の内臓を持っている生物をご存知でしょうか？

それは、ハゲタカです。ハゲタカは驚くべき消化器官を持ち、主に死んだ動物の肉だけを食べています。こんなハゲタカのような営業マンが、不動産業界には多数存在します。

あなたが住み替えで物件を売却するとき、ハゲタカを選んではいけません。

例えば、6000万円で売れる物件であっても、ハゲタカ＝悪徳不動産営業マンは、自分の利益のために、こんなウソをつくことがあります。

「この物件はもともと厳しいので、5000万円で売れれば御の字です」

実際に6000万円で売り出し、買い手が現れれば、売り主からの仲介手数料（売却価格の3％＋6万円）が発生し、不動産屋は186万円の利益を得ることができます。

ここで不動産屋が自分で買い手も見つけた場合は、買い手からも同額の仲介手数料をもらえるため、利益は二倍の372万円になります。

不動産業というのは、一つの物件について片方（売主）から手数料をもらうのか、両方（売主と買主）から手数料をもらうのかで、利益が倍になるか半分になるか決まるのです。業界用語で、両方から手数料が入れば「両手」、片方からしか入らなければ「片手」といいます。不動産営業マンなら誰しも「両手で決めたい」と思うはずです。

ですが、必ずしも自分で買い手を見つけられるとは限りません。ポータルサイトを見て、購入希望者がほかの不動産屋に問い合わせをする可能性もあります。すると、買い手からの手数料はもらえません。

そうなると、自分の利益を優先するあまりに、ほかの不動産屋から入ってくるお客さまをシャットアウトしたくなるのです。そこで売り主に冒頭のようなウソをつき、自社で売りやすくするために値段を下げようとします。

そして、「6000万円では買わないけれど、5000万円なら買う」という人を見つけてきて、売主と買主からそれぞれ仲介手数料を156万円ずつもらい、合計312万円を手にするというわけです。いわゆる「囲い込み」と呼ばれる営業スタイルです。

さらに悪質な場合は、自分たちで営業活動をせず、買い手を探すことすらしません。物件をしばらく塩漬けにしておいて、懇意にしている買い取り業者に5000万円で卸し、彼らから手数料（同じく3％+6万円）156万円を受け取ります。その金額で売主に納得してもらい、両手にするというやり方です。

ほかの不動産屋から6000万円で買うというお客さまを紹介されても、「もう売却先が決まっています」とウソをついて断る、わざと案内しないということもあります。買主をじらして売主を焦らせる行為は、業界用語で「干す」といいます。担当営業マンに不信感を覚えたら、大人しく待つのはやめて、ほかの不動産屋に「この物件を知っていますか?」と問い合わせて状況をたしかめるのも一つの方法です。

また、ハゲタカ営業マンはレインズ(物件データベース)への掲載義務を履行せず、「買い手がつかないので、売値を下げざるを得ませんね」などと言い出す場合もあります。ただし、レインズに登録されているかどうかは売主が自分で確認できます。登録されていなければ不動産業法違反になるので、売買契約を結んでいても即刻、解約することが可能です。

こうした、少しでも高く売りたいという売主の気持ちよりも、自分たちが儲けることを優先させ、売主の不動産を文字通り「死に体」にして自分たちの糧とするようなハゲタカ営業マンは大手を含めたくさんいます。

飢えたハゲタカのような業者に愛着のある大切な物件を二束三文で渡してしまってはなりません。

結果を出している営業マンの特徴を知る

結果を出している営業マンとは、すなわち営業成績が良い人のことです。営業成績が良い人とは、多くのお客さまから信頼され、満足する人が多いので、買った人から売りの依頼も増え、ほかのお客さまの紹介も増えている人のことです。

しかし、担当になった営業マンに直接、「あなたの営業成績を教えてください」とはさすがに聞けません。聞いたところで教えてはくれないでしょう。

そこで私の経験から、結果を出している営業マンの特徴をお教えしたいと思います。

第一に、見た目です。最重要ポイントは清潔感があるかどうか。

悪い例は、髪に細かいパーマをあてている、ヒゲを生やしている。業界によってはおかしくありませんが、高額商材の営業でひげを生やしている人はまずいません。高級車を扱うディーラーでもヒゲの営業マンは見ないと思います。

また、明らかにサイズの合わないゆるいスーツを着ている、反対にピチピチしすぎている、ワイシャツのネックと自分の首のサイズが合っていない、ネクタイがゆるい、爪が汚い、靴が傷みすぎ…、こういった見た目の人で、営業成績のいい人はおそらくいません。

私の会社では、ファッションに関して一定のルールがあります。スーツはフィット感のあるサイズであることはもちろん、派手なストライプなど柄が入ったものは禁止。装飾品（ネックレスやブレスレット、数珠など）もNG。ベルトや靴も黒の革以外は許可していません。くたびれた靴やビジネスバッグも厳禁。私自身、見た目には必要以上に気をつかっています。自分のためではなく、お客さまのために仕事をしているのですから、当然だと考えています。

見た目の清潔感を保つことは、自分が相手からどういう見られ方をするか、気を回せるということ。すなわちお客さまに対するホスピタリティであり、高額商材を求める方へのリスペクトだと思っています。

第二に、時間を守る。

不動産の営業は準備が大切です。現地の案内をする場合、現地入りは30分前、お客さまとの待ち合わせ場所には15分前に到着するのが鉄則です。時間に余裕をもって行動することで、気持ちにも余裕をもってお客さまをご案内できます。

私が今まで見てきたトップセールスマンたち、都心で高級マンションを買うお客さまを競合してきた人たちは、ほぼ例外なく早めに現地に到着し、身なりもきちんとしていました。

第三に、対応がスマート。

私が知るトップセールスマンたちの話し方、立ち居振る舞い、お客さまのお見送りなどは、さながらホテルマンのようです。そのうえで話がわかりやすく、連絡をこまめに入れ、お客さまからの頼まれごとを必ず実行する。なにかをうっかり忘れるといった落ち度がないのです。そのすべてが高額商品を売買する場に調和し、結果に結びつくと考えます。

そういう意味では、業界にかかわらず、結果を出す人はみなさん同じことをしているのだろうと感じます。

少し仲良くなったら、「普段から反響営業ですか?」と質問してみるのもいいでしょう。多くの営業マンは、会社が出した広告を見て問い合わせしてきた人に営業をかける「反響営業」をしています。反響営業を地道に積み重ねていくと、結果次第で自分のお客さまが増えていき、いずれは紹介営業に変わっていきます。紹介が多いのは結果を出している証拠なので、「反響営業ですか?」と聞いて、「そうです」と答えれば、その人はまだ結果を出せる域に達していないという見方もできます。

悪徳不動産仲介会社にある共通点

営業マンにはさまざまなスタイルがあります。私は洋服が好きで、よく買い物に行きますが、接客態度がソフトで洗練された雰囲気の販売員に当たると、なぜか商品がよく見えてきます。特に「これは人気があります」「最後の一点です」と言われると、「買えてラッキー！」と思います。品よく、適度に背中を押してもらうと、多少高くても気持ちよくお財布を開けられます。

しかし、度が過ぎると「あおり」になります。悪徳不動産業者が頻繁に使うやり方です。「他から申し込みが入りそうです」は常套句。お客さまが迷うそぶりを見せたら、「今日、決めないとなくなりますよ」「申し込みだけでもしておいた方がいい」とたたみかけてきます。第三者の存在をちらつかせて決断を急がされるとこちらもつい焦ってしまいますが、その場合は答えを一旦保留にして帰った方が賢明です。

では、なぜそんなに買い手を焦らせるのでしょう。それは自分たちが焦っているからにほかなりません。家はあまりに高額商材のため、「検討します」で終わるお客さまが大半です。その場で結論が出なかった場合、8割以上は失注します。ところが、申し込みさえしてもらえば、マンションの場合は8割以上が本契約に至ります。だから余計に、即決で申し込みをさせようとするのです。

焦らせる、あおる、というやり方はよくありませんが、不動産業界にはもともと「短期間で勝負を決めろ」という教えがあります。業界に長くいる人ほど普通のこととして染みついているので、お客さまもより荒っぽく高圧的に感じるようです。40代後半から50代ぐらいの男性ばかりの不動産会社は、その傾向が強いように思います。

中には感情的になる営業マンもいると聞きます。あるお客さまが若いとき、どの物件にしようか迷って何度が通っていると、「こっちは遊びじゃないんだから、買わないなら帰ってください！」と追い返されたそうです。おそらく、その月はなかなか契約がまとまらずにむしゃくしゃしていたのでしょう。

しかし、感情に流されて冷静さを欠く人というのは、得てして契約までは一生懸命ですが、それが終わると途端にやる気がなくなるように（買主側からは）見えます。

それはなぜか？　不動産営業マンが最もテンションが上がるのは、申し込み。二番目は契約だからです。これに対して、お客さまのテンションは申し込みで少し上がって、契約ででもう少し上がって、引き渡しでマックスに到達します。不動産業者とお客さまの感情曲線（下図参照）はまったく異なります。

　実際に、契約後、連絡が途絶えたり、引き渡しに関して問い合わせをしても返事がなかったりして、お客さまを不安に陥れる営業マンがいます。実は、これがクレームの大半です。

　営業マンにしてみれば、毎月の数字に追われ、広告を見た新しいお客さまの対応や案内をしているうちに、いつの間にか引き渡しの日程が近づいているのですが、当然、準備ができていない。書類が整っていない、住宅ローンがまだ通っていない、売主の抵当権を抹消の手続きをしていない…私なら「だまされた」と思います。

　売却にしてもそうです。売主様は引き渡しまでに引っ越さないといけないのに、仮住まいの提案をしないといった、プロとしてあり得ないことが起こっています。業界の悪しき風習と

感情曲線

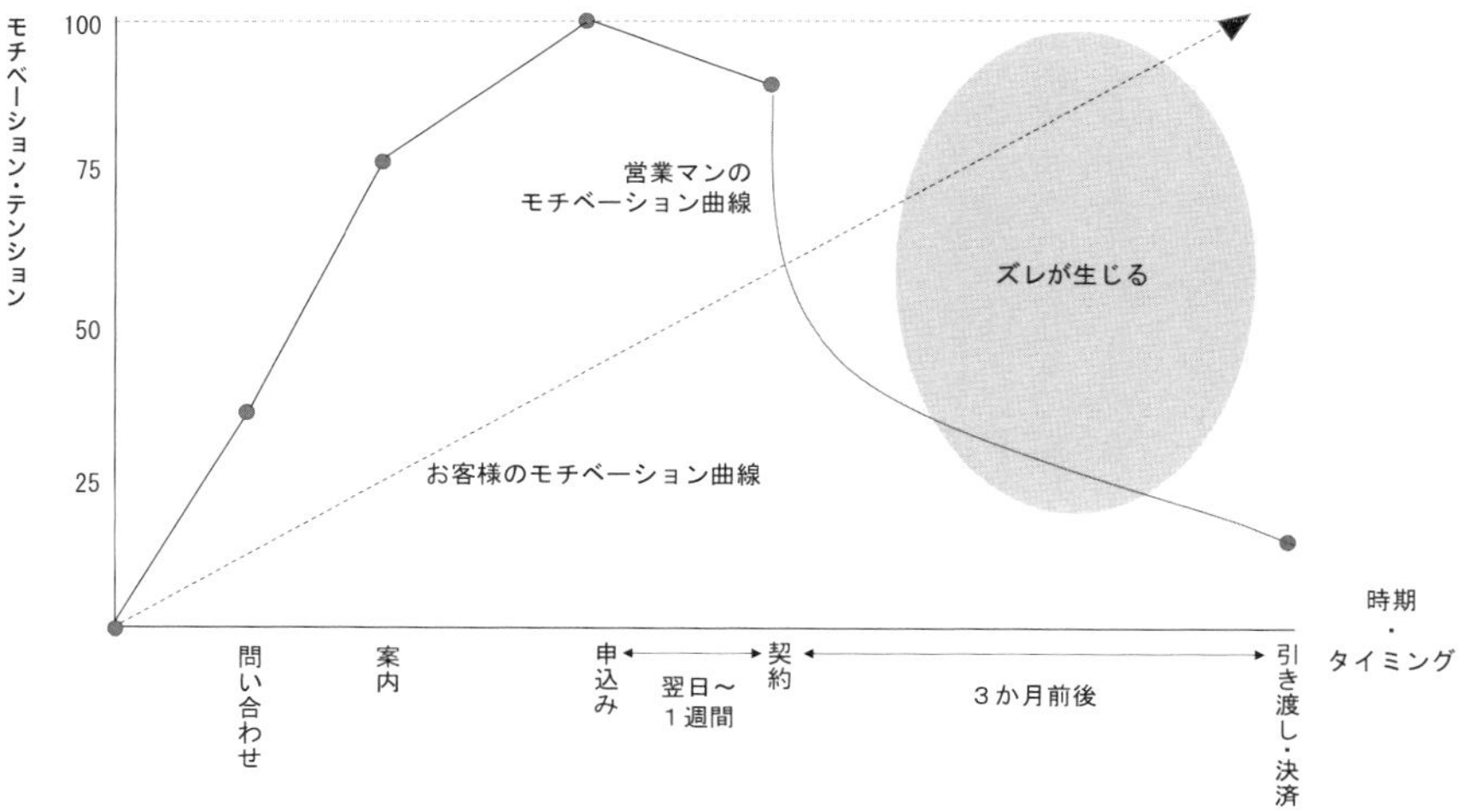

いってしまうとそれまでですが、営業マンは売買契約までが主な仕事なので、よほど会社の管理が徹底していないとこうしたクレームはなくなりません。こういう話を聞くと、結局、友人や知り合いから「ここに頼んでよかった」という会社や人を紹介してもらうのが一番安心ということになります。

悪徳業者を見分けるのはなかなか難しいところですが、物件が気に入っても、営業マンが自分に合わなければ、やはりほかの会社を当たってみるのが一番です。良い営業マンと出会えれば、成功する確率はグンと上がります。今はネットの口コミも信用できます。SUUMOなどのサイトでも簡単に見られるので活用してください。

疑惑や疑念があれば、不動産会社の情報をネットで調べると、指導履歴やトラブル履歴が載っていることがあるので、検索してみることは大事です。会社が行政処分や監督処分、指示処分、営業停止などを受けていれば、簡単に調べて、情報を得ることができます。

購入→住む・貸す→リフォーム→売却→購入の「5つのサイクル」

さて、良い不動産会社の良い営業マンと出会い、めでたくいいマンションを購入できたら、ライフサイクルに合わせて5～10年ぐらい住んだり、貸したりしたのち、リフォームをして売却、そして住み替え（購入）という住宅のサイクルに入っていきます。

不動産がよくわからない人からすると、購入も、賃貸も、リフォームも、売却も、すべて一つの会社がやってくれると思うかもしれませんが、基本的に事業者は別です。連動・連結してくれないことを大前提に、物事を進めた方がよいです。

購入は、客付け会社と呼ばれる地場の会社が強いです。客付け会社とは、不動産を買いたいお客さまを見つけることをメインにしている会社のことです。広くいろいろな他社物件を案内して、お客さまに気に入っていただければ契約して、仲介手数料を得ます。〝販売専門〟に近く、次々新しいお客さまを探しに行くスタイルなので、一人のお客さまと長く付き合うことは少ないといえます。よく名前を聞く「センチュリー21」は、地場不動産会社がフランチャイズとして加盟しているので、客付け会社の場合が多いです。

賃貸にも、客付けをメインに行う会社と、管理をメインに行う会社があります。駅の近くにある「アパマン」「ミニミニ」「エイブル」などが賃貸業者の代表的な会社です。

リフォームはリフォーム会社の仕事です。個人でやっている会社も多く、一般的にはあまり目にしません。

売却は大手が強く、三井不動産なら「三井のリハウス」、東急不動産なら「東急リバブル」というように、大手不動産会社が仲介店舗をもっていることが多いです。大手が強い理由は、その街を代表するシンボリックなマンションの近くに店を出しているからです。麻布十番なら、「パークコート麻布十番ザ・タワー」（三井の自社ブランド）の近くに「三井のリハウス」があります。

ここから注意点です。

良い物件を広域で探して購入したい人が、「大手仲介に依頼したけれど、なかなか情報がもらえなかった」というケースがあります。先ほど述べたように、大手仲介会社は売却に力を入れています。自社ブランドマンションを売却したい人を追いかけるのが一番数字につながる仕事なので、購入したい人は「求めているお客さま」ではないのです。もちろん「売りたい物件を買ってくれるお客さま」ならウエルカムです。しかし、そうでなければ他の物件を提案しなくてはいけませんが、そこに手間暇をかけるより、売却案件を集めて、手数料を稼いで効率を上げるのが会社の方針です。情報自体は持っていますが、優先順位が違うと認識した方がよいでしょう。

賃貸に関しては、自社のネットワーク（系列店）にしか物件情報を流さない会社が多いので注意が必要です。レインズにも載せず、共同仲介の概念をシャットアウトしていることも多いです。売買でいう「囲い込み」に近い営業スタイルの会社が多く、借りる・貸す際には、会社の方針や、どういった業務に力を入れて仕事をしているのか、よく確認する必要があります。

リフォームはある程度の相場を知っておくことが大切です。驚くほどの金額を要求されるリフォーム詐欺もありますので、合い見積もりを取ることを忘れずに。可能であれば、信頼できるところから紹介を受けた方が安心です。今は、ショールームをもっているリフォーム業者もあります。ショールームには最新のトイレ、バスの展示や作業費の提示もされていることが多いので、信用度は高いと思います。

売却の際は、目に触れる機会が多いので、どうしても大手に行きがちですが、誠実で、能力のある営業マンに依頼するべきだと思います。不動産会社を訪問したら、「住み替えなのですが、住み替え案件の得意な人をお願いします」「ベテランの方をお願いします」と言ってもいいでしょう。ある程度の会社なら、そうした希望をリクエストをすることは失礼ではないはずです。

担当営業が決まったら、「この家の優れているポイントは何だと思いますか?」「どう差別化してもらえますか?」と質問しながら、その営業マンがどんな見解をもっているのか、売主として自分で聞き分けた方がいいです。質問してみれば、経験がある人かどうかすぐにわかります。また、売却はお客さまの取り合いなので、同じマンション内でほかに売り物件が出ているにもかかわらず、それよりかなり高額で査定し、チャレンジングな価格で「売れます」と言ってくる営業マンもいますので、注意しましょう。売る自信があるなら、どうやって売るのか、プロセスを示してもらうことが重要です。

リスクをとってローンを組んだからわかること

この章の最後に、私が自宅マンションを実際に売り買いしたからこそわかったことを少しお話しします。

28歳から33歳までの間に3回家を住み替え、先ほどの住宅サイクルを2回経験しました。結果からいえば、売却によって1000万円以上のキャピタルゲインも出ましたし、1軒目と2軒目を賃貸に出し、毎月十数万円のインカムゲインを得る経験もできました。適切なサイズの物件を買って、住んで、貸して、売って。投資としても成功したと思います。これを勝手に「ヤドカリ戦法」と名付け、ご希望があればお客さまにもお伝えしています。不動産のプロとして、物件価値と見分け方は十分知っているつもりでしたが、自分でもやってみてよかったと思っています。

だからといって、迷いがなかったわけではありません。特に1軒目は迷いました。

驚かれるかもしれませんが、買ったのは横浜の歓楽街に近い場所で、元風俗街にあるマンションでした。浄化作戦が起こった後で、その面影はまったくないアートな街に生まれ変わっていました。でも、2ブロック先にはまだ違法な商売をしている人たちが残っています。私は当時28歳、まだ結婚の予定もなく、資産性が高ければいいと思っていましたが、まわりに聞くと、「治安が悪い」「買っても資産価値はない」「二束三文でしか売れない」と、大反対されました。

それでも自分の目利きを信じて買った理由は、駅から徒歩5分、築2年の55㎡の物件が、同じエリアの築20年、30年の物件より安かったからです。どう考えても売却益が出ると思い、決断しました。決定打になったのは、賃貸ニーズがあることです。飲食店が集まるプチ中華街のようなところで、キャバレーも多い。そこで働く女性たちは、お金はあるが購入となると住宅ローンが組みづらい。だから賃貸ニーズがあると思ったのです。

実際、ローンの支払いは管理・修繕費込みで毎月9万円でしたが、家賃に出してみたら、月15万5千円でした。その物件は今も大家の立場で所有しています。今、賃貸で住んでいる人が退去したタイミングで売却する予定ですが、売買相場は3800万円ぐらい。それに対して残債は1500万円なので、先ほどの「リセール指数」で考えても2300万円プラスの売却益が見込めています。

ただし、自分自身がその物件を扱う営業マンだったとして、ファミリー層ならすすめません。単身男性限定でおすすめの、イレギュラーな物件だったと思います。自分が運用するとしたら…と真剣にそろばんをはじいて「リセール指数」の高い物件だと気づき、これは絶対いけると確信しました。

2軒目は場所がよく、川崎駅直結のラゾーナ川崎プラザの裏にある60㎡2LDKのマンションを4500万円で購入しました。

川崎も実は賃貸相場が高くて、売買相場が安いエリアです。これは横浜の物件と共通していたポイントです。ここは狙い目だと、すぐにわかりました。安く買えて、高く貸すことができれば、利回りも高くなり、何年保有するかまでシミュレーションしておけば、売却利益も想定できます。賃貸に出すと、すぐ大手企業が法人契約を結んでくれて4年間社宅として使ってもらいました。相場の家賃より10％程度は高かったはずです。入居者が海外転勤になったのを機に売却。売却益で手元に1000万円以上入ってきたおかげで、開業資金にすることができました。

このように、買うと安くて借りると高いエリアは狙い目といえます。新宿周辺も賃貸相場が高く、売買相場が安いエリアの一つです。世田谷は逆で、賃貸相場は安く、売買相場は高いエリア。銀座周辺は賃貸相場、売買相場ともに高いエリアです。そうしたエリアごとの特性も、物件を見極めるポイントといえるでしょう。

この経験が読者のみなさんの参考になれば幸いです。

第5章

知らなきゃ損する！　５００万円高く売る技術

どんな物件も10％高く値付けできる

第5章では、売ってよしの資産価値の高いマンションをさらに魅力付けする方法、投資としても成功させる秘訣についてお伝えします。

タイトルにもある「どんな物件も10％高く値付けできる」は、事実です。市場に出すときの売値は、成約価格相場より7％から10％盛って値付けするのが不動産業界のスタンダードになってきました。多少の価格交渉が入っても、そのまま高値で決まるケースもままあるので、最初は強気な金額設定を行っていきます。

ところが、強気が過ぎて最初から15～20％程度乗せると、今度はまったく問い合わせがなくなります。市場から見向きもされません。ここは要注意ポイントです。

実際の売買では、最初の売り出し価格から1～3％の金額交渉が入って契約が決まるイメージです。不動産相場が右肩上がりのこの10年は、こうした傾向が続いています。多くの場合は、金額改定と金額交渉によって相場に落ち着くということです。

では、どういう物件だと金額交渉が入らない、もしくは交渉されても相場より高く売れるのでしょうか。

この項目でご紹介したい方法は三つあります。

一つは簡単なリフォームを入れること。これは私の事例ですが、売却前に壁紙張替と巾木（床と壁紙の境界にある部材）の補修、フローリングのリペアを入れたところ、相場より5％高く売ることができました。かかった費用は壁紙張替と巾木の補修で50万円ぐらい、床のちょっとした傷を補修するリペアは約1万5、000円ほどです。それだけで部屋の印象が大きく変わり、相場が5400～5500万円の家が5780万円で売れました。

壁紙は高級なものにする必要もなく、一般的なものが好まれます。NGなのは、子ども部屋を印象付けるようなピンク系のかわいい壁紙。子どもっぽい柄は部屋の用途を限定してしまうので、そこは注意が必要です。ここを大人の寝室にしようと考える人もいる、という視点で演出を考えたいところです。そういう意味では、全部白っぽい壁にせず、おしゃれなアクセントクロスを入れるとセンスよく見えます。

もう一つは、ホームステージングです。ホームステージングとは、ガランとした空室物件でも生活をイメージしやすくするために、家具をディスプレイして販売する技術のことです。家具は基本的にレンタルですが、照明、カーテン、ソファ、テレビ台、ダイニングテーブルなどを配置して、まさにモデルルームのように演出するのです。そのまま家具付きで販売する会社もあり、お客さまの評判も悪くありません。ホームステージングによって狭く見える物件と、映える物件に分かれますが、部屋を魅力的に見せる非常に有効な手法だと思います。

ちょっとびっくりする話ですが、引っ越すタイミングで家具を捨てたい人は思いのほか多く、家具付き物件だから売れたというケースも少なくありません。当社でも、物件によってホームステージングの専門会社に依頼したりしています。

このほか、新しいエアコンを交換して付けておくと売れやすくなります。エアコンなどはブランドのこだわりがない人の方が多いので、「付いててよかった！」となる場合が多いです。

最後は、ハウスクリーニングです。専門業者に頼んでハウスクリーニングを行うと、断然売れやすくなります。当たり前だろうと笑ってしまうような本当の話として、バルコニーを掃除し、窓ガラスの清掃をするだけで高く売れることがあります。特によくある話ですが、ガラスが汚れて曇っていると、眺望も曇って見えることがあります。室内のコンディションはもちろんですが、買う方は部屋から見える景色も見ていることを忘れてはなりません。

水回りはもちろんですが、「バルコニー、窓ガラス、網戸、サッシの溝もお願いします」とオーダーするのがおすすめです。たった数万円の出費で数百万円も高く売れるなら、やらない手はありません。

マンションを「あと100万円」高く売る4つのコツ

次にお伝えしたいのは、あなたの持っているマンションを、あと100万円高く売る「売り出し方」のコツです。

先ほどの三つの演出方法を第一ステップとして、次に挙げる4つの手法を活用し、できる営業マンの協力を得ながらプラス100万円を狙ってください。

1．プロのカメラマンに写真撮影してもらう

今はポータルサイトの時代なので、室内や外観写真のクオリティ、写真の見栄えが問い合わせ数に直結します。私の経験上、プロのカメラマンにお願いすることで、反響数

はスマホでの撮影より約1・5倍もの差が出ます。

2．図面（販売チラシ）に内装写真を入れてもらう

ひと昔前は外観と間取りだけでしたが、物件を見たいと思わせるために、「ドアの先に何があるのか」まで載せてもらうよう、営業マンにお願いしましょう。

3．内見者に対し「提案」「案内」「プレゼン」してもらう

営業マンのなかには、内見中、黙って横にいるだけという人がいます。できる営業マンは、生活を想定した動線を把握し、物件のよいところを積極的にアピールしてくれます。周辺の学校、スーパー、コンビニ、行政サービス、商業施設、駅からの近道、あるいは生活のなかの感動シーン、朝夕の眺望なども織り交ぜて案内し、内見者の期待値を高めてくれるでしょう。そこまでやってくれる担当者かどうか、前章を参考に見極めることが大切です。

4．売るタイミングに慎重になる

同じマンション内でほかの部屋が売り出されているときは、避けるべきタイミングで

す。特に、上の階が出ていたら、その階より高く売れることはまずありません。また、同じマンション内で5つも6つも売り出されているときは、値下げ競争に巻きこまれる可能性があります。すぐにお金を作らなければならないときを除き、様子を見て待つことが大切です。

ぜひこれらの知識を生かして事前準備を行い、営業マンとの商談に臨んでください。宝くじで1００万円が当たる確率は10万分の1といわれますが、この方法ならほとんど元手をかけずに手にすることができるはずです。

マンションの売却・住み替え計画は1年前から

では、マンションの売却、住み替えの計画はいつから立てればいいのでしょうか。私はお客さまに「1年前に」とお伝えしています。1年前から準備を始めることで、最も有利な条件でマンションが高く売れるのです。

不動産を売却するに当たっては、売却検討からお金を受け取って鍵を引き渡すまでおおむね6か月から8か月かかるのが一般的です。内訳としては、売却活動でだいたい3〜5か月、契約を結んでから引き渡しまで3か月というのが流れです。チャレンジ価格という形で、少し高めに金額を設定して値付けする場合は、売却活動が少し長期化する傾向があるため、3か月が5か月に延びると想定すると、約8か月かかる計算です。

また、先ほどの「あと100万円高く売るコツ」にもあるように、同じマンション内に競合物件が出ている可能性もあり、その場合は販売時期を少しずらす必要が出てきます。あるいは、思い通りの金額で売れないことも想定し、時間は少し長めに設定しておくことをおすすめしています。

その反対で、2、3か月のうちに売らなければならない理由があると、期限に向けて売値を調整していくことになります。不動産の売却は、「待てない人から負けていく＝安売りして利益が出ない」といわれます。急いで売らないといけない事態を避ける意味でも、早めの準備、長めの期間を取っておくのがベストです。

売却と同時に住み替え先も探す場合にやっておくべきことといえば、相場を確認しておくことです。探す期間が短いと、だいたいが「一目ぼれ」で決めることになります。

相場を知らずに高値で買ってしまう一番の原因になるので、これも1年前から余裕をもって、相場に合うマンションを吟味することが大切です。

購入した不動産が投資としても成り立つかどうかは、その8割が購入したときの金額次第で決まります。安く買って高く売ることで、利益の最大値を得られると覚えておいてください。

売却が決まっても、住み替える家がすぐに見つからないこともあるでしょう。一旦、賃貸に住む選択はむしろおすすめです。

住宅ローンの関係上、多くの人は、売却が決まったら、引き渡しに間に合うよう次の物件を買おうと思うでしょう。「引っ越しを2回したくないので、すぐに引き渡しを受けられる物件を購入したい」とよく耳にします。それでいい物件がタイミングよく見つかればいいのですが、「待てない人から負けていく」理論でいえば、選択肢は非常に少なくなります。賃貸も視野に入れたうえでじっくり探すことが、あなたの総資産を守るためにも、精神的にもベターな選択となります。

売却益1000万円以上はタイミングが重要

ここで、1年前からマンションの売却・住み替え計画を立て、1000万円以上の利益を得たEさんの事例をご紹介しましょう。

Eさんは2007年、東京湾岸エリアに建つ高層マンション、芝浦アイランドケープタワーを新築で購入。広さは75㎡の2LDK、当時の購入した価格は5480万円でした。水回りが広いのが特徴で、Eさんも気に入り、長く住むつもりでしたが、その後ご主人を亡くされ、2017年、お子さんの高校入学を機に親子2人でちょうどいい家に住み替えたいというご要望でした。

売却活動をはじめて約3か月後、大手企業に勤めるKさん家族が購入することに。売価は7630万円で2150万円もの利益を得ることができました。その時点では住み替え先が決まっていなかったので、当座は賃貸に移って、じっくり購入先を探す考えでしたが、たまたまいい物件が見つかり、約8000万円で中目黒の中古マンション（65㎡・2LDK）を購入されました。

芝浦アイランドケープタワーは最寄り駅が三つ（田町駅・芝浦ふ頭駅・三田駅）あり

ますが、いずれも徒歩15分前後と駅から遠いのが難点です。にもかかわらず、多額の売却益が出たのは、購入時の金額が安かったのが大きいといえます。竣工後、2、3年で1000万円ぐらい値上がりし、有名になりました。売却した2017年は高輪ゲートウェイ駅ができると噂が出始めた時期とも重なり、期待感からさらに値が上がったと考えられます。

重要だったのは売り出しのタイミングでした。ケープタワーは総戸数1095。国内でも最大級の総戸数なので、常に競合物件が出ています。ご相談を受けたのは2016年の夏頃でしたが、不動産の売買のハイシーズンは2月～4月。進学、入社、転勤で移動が増える時期が最も需要が多いとわかっていたので、その時期にぶつけるため、翌年1月から本格的に売却活動を開始。4月に購入者が決まり、そこから次の物件を探しはじめて、6月に引き渡しが完了しました。

売却を先行した理由は、次にいくらの物件を買えるか不透明だったからです。年収は500～600万円と低くないものの、正社員ではなかったこと、お子さんの学費のことも考え合わせ、次の購入資金が確定したうえで資金計画を確定させ、新居を探した方がいいと判断しました。

Eさんは売却先行でしたが、実は購入先行の方がおすすめです。最大の理由は、売却活動に自分の時間が奪われてしまうからです。住みながら内覧の対応するのは実際大変で、休日の大半はつぶれてしまいますし、小さなお子さんがいれば、知らない人が突然、家に入ってくるのはストレスでしょう。精神的にも時間的にも負担が大きいといえます。

それでも数として売り先行の方が多いのは、やはり資金計画が立てづらい面があるからです。一時的に住宅ローンが2本必要になり、審査に通らないケースも多々あります。反対に次の住宅ローンさえ通れば、買い先行で空室にして、「あとはよろしくお願いします」と営業マンにお任せするのが楽というもの。空室なら立ち会う必要もありません。空室にして売るメリットは、自分の時間が奪われないことのほかにも、軽くリフォームして売るだけで高く売れることです。空室の方が検討者の滞在時間が長くなり、じっくり見てもらえます。自分の時間や手間をかけずに高く売れる可能性がふくらみます。

複数の不動産会社に査定依頼を出す

より有利に、より高く売るためには、複数の不動産会社に査定依頼を出すことが肝心です。一社にしか査定依頼を出さなかった場合と比較して高く売れます。

その理由は、会社によって特色があるからです。例えば大手不動産会社の場合、エリアを限定されたエリア制を敷いているので「このエリアしか扱わない」という営業マンや、売却がメインで購入客は追わないという営業マンがいます。

その点、地場の不動産会社は地元のお客さまをつかんでいることが多く、そこに預けた方が買主をたくさん連れてきてくれる可能性は高いでしょう。中小の不動産会社でも、特殊な技術をもっている営業マン、大手に引けをとらない優秀なセールスマンが対応してくれることがあります。いくつかの会社から話を聞くのはメリットがあると思います。

物件を売り出す際は、契約不適合責任保険を付けると高く売れるので、そのことも相談してみるといいでしょう。

契約不適合責任保険とは、主に売買から3か月以内に目に見えない瑕疵《かし》が起こったときに適用される保険で、シロアリ、雨漏り、水道管の漏れといった瑕疵が見つかれば、損害賠償を行うというものです。マンションの場合は、給排水管が故障したときぐらいで、責任を追及されることは少ないのですが、買主にとっては付けてほしい人がほとんどのため、安心の保険を付帯することが高く売れる一つの秘訣になります。

この保険、実は10年ほど前からやっと動き出した制度で、それまで中古物件に関して保険や補償はありませんでした。人生で3本の指に入る高額な買い物なのに、保険がないのは不安だと、不動産会社の課題の一つとして取り組みがはじまり、現在は少しずつ広がってきています。不動産会社の負担で入ることが多く、売主側の責任は3か月で、引き渡した瞬間だけという感覚です。万が一、給排水管に故障があっても保険が適用されるので負担はありません。

保険を付ければ売れやすくなるということは、不動産会社にとってもメリットがあります。保険を適応させるために検査を受けるなどの諸条件はありますが、「契約不適合責任保険を付けてください」と言って、気持ちよく引き受けてくれる会社にお願いすることをおすすめします。

購入検討者はイメージにお金を払う

購入検討者は、家の魅力はもちろん、生活利便性を大事にします。駅に近い、商業施設が近くにあるといったスペック以外に、自分たちの生活パターンを軸に「ここに住みたい！」という感情スイッチがONになったとき、購入を決定します。

「自炊しません」という若い世代のディンクスの場合、ほとんど外食になると思います。そういうカップルは、繁華街を通って家に帰れると都合がいい。例えば五反田には駅前に飲食店がたくさん集まり、繁華街を抜けて住宅街があるのが特徴です。仕事が終わって駅で待ち合わせし、近くで食事をして家に帰る生活になるので、自分たちがしたい生活の先に家があることでイメージがわきやすくなるのです。

逆に、お子さんがいると、繁華街を抜けて家に帰るイメージはないでしょう。そうすると、もう少し落ち着いた恵比寿や広尾が好まれる傾向があります。

最近、「体験を売る」という言葉をよく聞きます。お客さまの未来に商品・サービスがどう寄り添うのかが重視されており、それを言語化できるとよく売れるという結果も出ています。ちなみに、「この化粧品を買ったら肌がきれいに見えて、自分の内側から自信が出てきて、出会いの質が上がった！」というアプローチをしたら、バカ売れしたという話があります。不動産も同じで、物件を買ったあとのライフスタイルをよりイメージさせるような情報を伝えることが大事です。

家を通してどんな生活ができるのか。休日の過ごし方の広がり、通勤時間の改善、快適な外食ライフなど、この不動産を購入することで何が手に入るのか、そこを具体化してあげることが大切です。

ということは、今の家はどんな人たちが買うのか。ディンクス狙いか、ファミリー狙いか、まずはターゲットを明確にすることが大切です。

ディンクス狙いなら、各主要駅、ターミナル駅の買い物エリアの情報や近所の美味しい飲食店、居酒屋、映画館、ファッション、レジャーといった情報をメインに、渋谷・新宿・銀座駅までのアクセス、スポーツジムへのアクセスなどを載せてもらうようにしましょう。

小さいお子さんがいるファミリーや、赤ちゃんが生まれたばかりの新米パパ・ママには、まず病院の情報ですね。一次医療の地元のクリニックはもちろん、救急医療関係、薬局といった情報が必須です。ほかにも保育園情報、近くの公園、車での移動が必要になるのでレンタカー情報なども発想としては浮かんできます。

お子さんがもう少し大きくなって、小学生、中学生がいるような4人家族であれば、小中学校、高校までの距離は情報としてほしいところです。食べ盛りの子どもがいるファミリーなら、格安スーパーの情報も必要でしょう。ほかにも有名塾、児童館、図書館、教育施設などを入れるとイメージがわきやすくなります。また、ファミリーで休日に出かけることを想定して、都内なら「高速道路の入り口まで何キロ、何分」といった情報は非常に有効だと思います。

ここに住んだらどんな生活が待っているのか、想像をかきたてることで、高い値付けであっても購入意欲が高まります。

一番高い価格で勝負できる？　準備編・当日編

ここまで高い価格で勝負するためのさまざまなアプローチを述べてきましたが、実際に内覧が近づいてきたら、どんな準備が必要でしょうか。当日はどう動けば有利に働くのか、具体的にお話しましょう。

住んだ状態で見せる場合は、内覧の前日にかかっています。その準備の仕方によって価格が上がります。

テーマは「すっきり、きれいに」。

一つめは、小物を隠す。前日は徹底的に整理整頓を行ってください。自分は気に入っているから飾っているのですが、人と自分のセンスは同じではありません。「何、これ?」と思われることの方が多いと思っていいでしょう。誰が見ても美しくディスプレイされていればいいのですが、そのケースは非常に稀なので、できるだけ収納スペースに入れて隠すのが無難です。

二つめは、人数を減らす。夫婦、子どもがいる場合は、夫婦のどちらかが対応し、残りの家族は外に出ていた方がいいです。人数を減らす理由は、空間を広く見せるためです。かなり広い家でない限りは、人が多いほど空間が狭く見え、高い価格で勝負できません。できればペットも連れ出すことをおすすめします。

三つめは、窓ガラスを拭く。先ほども少しお話しましたが、窓ガラスをきれいにするだけで部屋の印象が変わり、価格交渉が入りにくくなります。特に黄砂の時期などは窓ガラスも汚れがちですが、眺望に自信がある部屋であればなおのこと、窓ガラスが汚いと景色もくすんで見え、印象がよくありません。窓ガラスと同様、バルコニーも掃除しておくといいでしょう。

四つめは、前日までに水回りをきれいにする。クリーニング業者を入れることを検討してもいいと思います。ハウスクリーニング業者に依頼しても1、2万円程度ですから、高い価格で勝負するためには必要な出費ではないでしょうか。特にお風呂の鏡のウロコ汚れは内覧者の印象を大きく左右します。業者に頼む時間がなければ、アルコール除菌ウェットティッシュで拭くだけでも違いますので、やってみてください。

五つめは、換気です。住んでいると意外なほど気づかないのがにおいです。動物のにおい、タバコのにおい、香水のにおい、化粧品のにおい、お香のにおい、内覧ではすべてNGです。どんなに部屋がきれいでも、そのにおいが苦手な人にとって評価はマイナス。とはいえ、においは部屋に染みこみ、手遅れなことも多いものです。せめて内覧者が来る10~15分前には窓を開け、空気を入れ換えましょう。冬は窓を閉め切っていることが多く、よく起こりがちな失敗の一つです。

六つめは、カーテンを開けておくこと。そして、電気もすべて点けておきましょう。

特に点けておいてほしいのは玄関と廊下です。玄関の照明は多くが自動センサーで点滅しますので、連続にしておいてください。廊下、トイレ、キッチンもすべて明るくしておくと、印象がアップします。

この6つの準備を行うだけで、100万円ぐらい高く売買が成立するかもしれません。やってみるだけの価値はあります。

第6章
不動産営業マンは大事なことを隠している

なぜ不動産会社は毎年５０００軒潰れるのか？

第6章では、マンション購入の落とし穴と、それを見抜く方法についてお話していきます。

不動産業者は毎年５０００件潰れるといわれています。さらに不動産業界はクレーム産業といわれて久しいのですが、マンションを売買している途中で不動産業者が潰れると、お客さまへの影響も小さくありません。

では、なぜ潰れるのか。そもそも不動産は独立しやすい業界といえます。将来的な見通しがないまま、社員でいるより、自分で不動産を動かした方が早いと安易な決意で会社をはじめてしまうと、最初の数年は勢いで何とかなっても、５年、10年となると、徐々に淘汰されていく。５年で10％ぐらいになり、10年で５％になります。帝国データバンク（商工リサーチ）にも記載されているように、毎年６０００軒ぐらい新しい会社が立ち上がるなかで、10年後は残り５％になっている事実と重ね合わせると、結果は同じということです。それは大局から見たところの話です。

実際の中身を見ていくと、やはり優秀な営業マンにお客さまがつきます。それで売上が立っていくビジネスなので、エース社員が辞める、問題社員が入るといった〝人材〟に起因して、経営基盤がままならなくなっていくケースが多いと思います。

業界特有の悪しき風習の一つには、インセンティブ制度があります。営業マンは不動産を一件契約すると自分が契約した金額の3〜6%がインセンティブとして入ってくるので、仕事をすればするほど儲かって嬉しい反面、お金に釣られやすい人たちが育ちやすい業界でもあります。

しかし、会社が潰れればお客さまにとっては別の会社を探す手間や、時間的なロスがあって大変です。そうした危険な会社をどうやったら見分けられるのでしょうか。

例えば、ホームページに社長の顔が出ていない会社は注意が必要です。ワンルームの販売系の会社に多い傾向です。顔を出さない理由は、顔出しすると逃げられないからです。多くの会社がスタッフ紹介で営業マンの顔を載せているのに、経営陣の顔を出していないのは、疑問に思った方がよいと思います。

あとは、ネットの口コミを見て判断することも大切です。悪い例として多いのは、「問い合わせをしたのに、数日経っても連絡がこない」というもの。対応の誠実さはサービス業としての最低限のマナーです。必ず返信するのは当然ですし、それがないのは常識が欠けている証拠だといえます。

また、連絡してもつながらないという書きこみもチェックが必要です。担当営業に電話をして、「会議中なので折り返します」と言われて一向に連絡がないというのは、要注意です。忙しいのかな？　と思うかもしれませんが、SMSのメッセージくらいは、すぐに送れます。現地の案内を約束して、待ち合わせ時間に遅れてくるのも同じです。そこでお客さまの信用を失ってしまうのです。

ただ、おかしいと思ったら付き合いをやめるなど、注意すればリスクも回避できます。生き残れない可能性の高い不動産会社に、あなたの大切な時間をかけないでください。

マンションには買いどきと売りどきがある

マンションには買いどきと売りどきがあります。よい買いどき、よい売りどきのタイミングをつかめば必ず利益を出すことができます。

では、買いどきとはいつでしょうか。それは今です。今、動き出すことによって必ず利益が出ます。その理由は、一定の所有期間があれば、残債が確実に減るからです。現在、日本の不動産相場が大きく下がる理由は見当たりません。先のことはわかりませんが、向こう5年はほぼ横ばいなのはおそらく間違いないでしょう。つまり、売値がほぼ横ばいのまま、残債をどんどん減らしていけるということです。それがアドバンテージになります。もしもあなたに家がほしいと思うタイミングがきているなら、買うのは今です。

一方の売りどきは、快適性が失われてきたタイミングです。私は「居住性」と「資産性」、この二つの価値観を大切にしていますが、資産性が非常に高くても、居住性が低くなってくるタイミングはあります。例えば、お子さんが生まれた、結婚した、離婚した、転職した、転勤になったなど、ライフスタイルの変化によって居住性が低くなった場合は売りどきです。つまり、資産性だけを求めて家を持っていてもしかたないということです。

この本の中でもお話してきましたが、時代は変わり、家は一生に一度の買い物ではなくなりました。自分のライフステージに合わせて軽やかに住み替えていく時代になっています。ひるがえって考えると、資産性の高い家に住んでいれば、居住性が下がった段階で、いつでも住み替えができるということです。

その反対で、市況によって資産性が跳ね上がったとしても、居住性がよく、売る理由がなければ売らなくていいと思います。同じエリアで住み替えようとした場合、高く売っても高く買わないといけません。高く売れるということは、自分が次に住むところも同じように高いということです。売った、買ったでだいたい6~10%の諸費用がかかるので、同じエリア内で売買をすると、もっと狭い家、もしくは古い家に引っ越すことになります。

もちろんエリアを換えて住むなら売っていいでしょう。物件相場は港区から上がっていく傾向があるので、港区のマンションを持っているとしたら、湾岸エリアに移るとか、東中野、池袋に移る選択肢はあると思います。一番高いときに売って、都心から若干、離れたエリアに住み替えることで、より高いキャピタルゲインを得られるはずです。

しかし、営業マンによっては、売りどきでもないのに売りをすすめてきます。ほとんどの場合、「今がベストです」と言うでしょう。なかには、「うちはこれだけの高額査定を出します」と、相場より飛び抜けて高い査定を出してくる場合もあります。

それが本当かウソかを見抜くには、自分で査定することです。

私はいつも、データベースの登録にある成約事例を見ながら、お客さまと一緒に査定していています。もちろん、しっかりと意見は述べますが、ご自身で査定をすることが一番納得していただけるからです。相場の見方、査定は以下の通りです。成約事例を見ていくと、㎡単価、坪単価がいくらで決まっているのかわかります。そこにお客さまの現在の家の間取りの㎡数（坪数）をかけるだけ。成約事例は不動産会社に頼めば出してくれるはずですから、それをもらって計算してみてください。

多くの人は、成約価格、査定価格しか見ませんが、その根拠となる成約事例を見て、例えば「2階の角部屋が坪300万円で決まっているなら、うちは4階の中部屋だから、坪290万円ぐらいかな…」という想定ができます。それがわかったら、あとは自分の家の広さとの掛け算なので、20坪の広さがあれば、290万円×20坪＝5800万円と査定するのが一番確実です。

自分で相場観がわかると、売り出しのトライアル価格、落としどころの価格も見えてきて安心です。

地方移住ブームに乗せられるな

新型コロナの感染症対策として急増した在宅ワークによって、自然豊かな地方に移住するブームが起きました。在宅でも仕事は進むことがわかり、人口密度の高い都会に住む意味はないと、実際に多くの人が都市部から地方、郊外に移動しています。その結果、下落していたリゾートマンションの価格が1・5倍になったエリアもあります。しかし、移住ブームに乗せられると、デメリットになることもあります。

そもそも日本の人口が減っていくなかで、都市部にだけ人が集まっているのが現状です。行政は「スマートシティ」を提唱し、特定のエリアにインフラを集中させていく傾向があります。大きな局面で見ると、地方もいずれ栄えている特定の場所に人口が集約されていくでしょう。今はたまたま新型コロナの影響があり、ネット環境のインフラ整備も整ったので、地方にいても不便は感じないと思いますが、近い将来、人はまた都市部に寄っていきます。

ちなみにアメリカと日本の文化はまったく違います。アメリカは駅近がスラム化し、郊外にビバリーヒルズのような高級住宅街がある。でも、日本は駅に近いところが栄えます。仕事はもちろん、コンサートやイベント、お芝居といった娯楽も駅近にある文化なので、郊外の家がどれだけ居住性バツグンでも、移住はやめておいた方がいいと個人的には思います。その人の価値観として、日本のどこにいても仕事ができると考える人ならいいのですが、資産性という観点から見たときには間違いなく資産を失います。

私がいう資産性とは、換金性があるかないか。不動産はもともと流動性が低い資産です。売ろうと思っても株のようにすぐ現金化できませんし、切り売りもできません。不具合の多いものだと思います。けれども、そのなかでいつまでも売れない資産、逆に1か月、2か月ですぐに売れる資産があります。売れるものは駅に近い好立地のマンションであり、人が集まるところです。そこにマーケットがあります。

地方でも、商業施設の開発にともなって、駅からの距離は関係なく地価が上昇するエリアもありますが、過疎化が進み、人口が減っているエリアで一戸建てを買ったとしたら、高い確率で経済的には損をするでしょう。住宅が余っている地域で古い一戸建てとなると、売ろうとしても買い手がつきません。

せっかく家を買っても数年後に二束三文で取引されてしまう地方に移住するのではなく、やはり都会の利便性の高いエリア（資産性の高いエリア）に住み続けることが大切だと感じます。

リフォームしても高く売れない理由

近隣相場はある程度決まっています。高いのは駅から徒歩10分以内（都心は7分以内）、低いのは駅から徒歩15分以上離れたエリアです。

そもそも予算が少ない人、自分たちの予算では駅近の物件に届かない人たちが駅から離れていきます。つまり、駅から離れるほど価格が下がっていく。駅から徒歩15分以上の穴場物件もあるにはありますが、購入できる確率が限りなく低いと思った方がよいでしょう。

そんな相場の低いエリアで数百万円かけてフルリフォームし、高く売ろうとしても難しいと言わざるを得ません。なぜなら、購入検討者の購買力を超える物件になってしまうからです。

反対に、駅に近いマンションなら、多少古くても、狭くても、リフォームする価値があります。リフォームした方がより早く、高く売れるでしょう。

駅に近ければ近いほど、マンションを購入したいニーズも多くなります。同心円で駅からの距離を示し、例えば徒歩1分の距離を円の半径と考えれば、非常に狭い範囲に購入希望者が集中する＝希少性が高まることがわかります。それを10分まで広げたエリアに人気が集まるので、逆にいえば徒歩10分以上の市場ニーズは低くなるのです。

ですから、あなたがもし駅から離れなければならない理由があるなら、マンションではなく戸建てを選んだ方がいいです。駅から15分以上といえば戸建ての住宅街のはずなので、そこにマンションを買う意味は正直いってありません。（※実家の近くなどの特別な理由があれば話は別です）

私にも、駅から徒歩20分近い物件を扱った経験があります。築25年ぐらいの広いマンションで、多少リフォームしてもなかなか買い手がつかず苦労しました。

問題は、数百万円かけてリフォームした場合、リフォーム代を売価に上乗せするため近隣相場に対して金額が飛び抜けてしまい、売れるスピードが出ないことです。私がお預かりした物件も、最終的に売れましたが半年以上かかった記憶があります。

駅から遠い物件を「どうしても早く売りたい」「買い手をじっくり待つ余裕がない」

という場合は、むしろリフォームをしない選択もあると思います。よくオーナーさんから「こんな古い家じゃ、リフォームしないと売れないでしょう?」と言われますが、「リフォーム代を上乗せしても回収できないかもしれません」とお答えしています。

不動産のプロであれば、「リフォームした方がいい。物件価値が上がります」とけしかけるようなことはないと思いますが、甘い言葉を真に受けて大切なお金を無駄にしないよう、慎重に判断してください。

「えっ! 事故物件?」相場より安い家の秘密

事故物件については、2021年、告知事項のガイドライン「宅地建物取引業者による人の死の告知に関するガイドライン」が制定されました。

そのなかで、老衰や病気などの自然死、日常で起こる不慮の事故に関しては告知事項ではないとされています。しかし、発見が遅れて特殊清掃を行った場合や、殺人、自殺、火災などによる死亡の場合は、賃貸住宅については、おおむね3年間は告知する義務があるという内容です（売買取引については告知義務は継続する）。ただ、あいまいな部分も多く、「明確に事件性がなければ告知事項とは言わない」という見解の会社や、「部屋の中で人が亡くなった時点で告知の必要がある」とする会社もあり、対応はさまざまです。

買主にとって最もショックなのは、あとからネットで知ることでしょう。「前の所有者はどんな人だったんだろう」とネットで検索したところ、「入浴中の事故で死亡」なんて記事を見つけたら一気にネガティブな感情が立ち上がります。また、特殊清掃までに到らなくても、孤独死であれば人によっては「だったらその部屋には住みたくない」と思うかもしれません。

大規模マンションになると、専有部分だけでなく、エントランス、エレベーター、廊下など、頻繁に利用するところで事故が起こっていることもあります。告知の必要はないとされるケースでも、買主から問い合わせを受けた場合は告知義務がありますので、近隣相場より安い物件を買う際は、営業マンが何も言わなくても確認してみることが大切です。

事故物件以外にも、相場より安い物件にはそれなりの理由があります。

代表的なのは、なんらかの問題で住宅ローンが使えないケースや、反社会的勢力に属する人物が同じマンションの隣か上下階に住んでいるケースです。あとは、破損箇所がある、騒音問題がある、臭いがする、クレーマーが住んでいるといったケースもあります。ただし騒音やクレーマーなどはそこまで売価に影響しません。したがって営業マンからの情報がなければ、15分ぐらいの内覧でわかることではありません。「この部屋いいね！」と気に入って買ったものの、「子どもの足音がうるさい！」と下の階の人に怒鳴りこまれて、引っ越しを検討している、という話も耳にします。そうした「知っていれば買わなかった」事実を、隠さずに話してくれる会社を選ぶことを強くおすすめします。

また、高級マンションであっても、歓楽街が近い、部屋の位置によってお墓が見えてしまうなどの理由で相場と比べて安い物件もありますが、それは自分の目でたしかめられると思います。

事故物件でもない、破損箇所があるわけでもない、歓楽街が近くもないのに安い物件には、住宅ローンを組めないマンションも含まれます。築年数が古いマンションに多いのですが、再建築ができなかったり耐震性の問題でローンを使うことができず、要はキャッシュで買うしかないので、金額が安いのです。

例えば、借地権付きのマンションや築年数がかなり古いマンションがそれに当たります。たとえローンが組めても使える銀行は限定されるはずです。多くの人は気づかないポイントですが、そのことを知らずに購入してしまうと、次に売却するとき苦労します。「築年数が古いので、ローンが組める銀行はここここです」と説明されたら、必ず理由を確認してください。

全財産を頭金に入れてはいけない

「全財産を頭金に入れてはいけない」とは、日本の金利が非常に安いことを踏まえて、住宅ローンをしっかり活用しましょうという意味です。

ここ30年、日本では歴史的といっていいほど住宅ローンの低金利が続いています。アメリカの住宅ローン金利は現在5～7%、オーストラリアは6～7%、イギリスは5～

6％、東南アジアでも3〜5％、それに対して日本は0・5％ぐらいです。個人がお金を借りるための金利が0・5％というのは、世界的に見ても驚くべき水準だと思います。

だからこそ、現金はなるべく温存し、必要な分だけ住宅ローンに使った方がいいというのが、私の考えです。

あなたは「少しでも頭金を多くして、銀行から借りるお金を少なくした方がのちのち楽だ」と思っているかもしれません。しかし、入れすぎはよくありません。なぜなら、いざ住宅ローンを組むと、借り増すことはできないからです。

例えば、5000万円の物件に対して4000万円の住宅ローンを借りたとします。途中で生活が苦しくなり、「あと1000万円貸してください」と言っても融資は増額されません。だったら最初から5000万円借りた方がいい。そうすれば自己資金が1000万円残ります。

融資実行後に何が起きるか、誰もわかりません。会社の都合や転職で突然、年収が下がり、お金が必要になることもあるでしょう。一般的に、少なくとも生活費の3〜6か月分ぐらいは現金で持っていた方がいいといわれますが、突発的なお金が入用になることも考え合わせると、今、持っている手元の資金は減らさない方が賢明です。

反対に注意していただきたいのは、「頭金ゼロで買えます！」という広告コピーです。よく電柱やカラーコーンへの張り紙で目にすると思います。若い世代であまりお金を貯められない方に多いのですが、営業マンに「大丈夫ですよ、頭金ゼロでいきましょう！」と言われるとついそんな気になってしまうものです。

しかし、不動産を購入する際には、物件価格に対して6～7％の諸費用がかかります。実際は物件価格の107％で買う計算です。その後、数年住んで、住み替えるとなったら、今度は売却経費が3％かかるので、トータルで物件価格の110％を支払うことになります。

するとどうなるか。仮に頭金ゼロで諸費用もすべて借りて、2～3年後に売却した場合、売却益が出たとしても現金がほとんど手元に残らないか、もしくは残債割れとなり、売りたくても売れない身動きの取れない状態になってしまいます。しかも、物件価格を上回るローンを組むと金利が上がる銀行が多いので、十分注意が必要です。

全財産を頭金に入れるのはよくありませんが、諸費用分ぐらいは最初に入れて、あとは住宅ローンを活用する。月々の支払いも照らし合わせ、金額的に負担があるようなら頭金をもう少し増やすといった資金計画を事前に固めておくことが大事です。

最新の住宅ローン事情に詳しく、資金計画の相談に乗ってもらえる営業マンを選ぶこ
とも、マンション購入の重要なポイントのひとつです。

終章

本当の豊かさはモノと情報以外のところにある

衣食住を満たす空間をプロデュースしたい

不動産業に興味をもったのは、前職のコンサルティング会社にいたときです。私は主に不動産会社の支援を担当していました。日々のコンサルティング業務で不動産会社の経営者の方々とお会いし、みなさんの仕事に対する誇り、お客さまに喜んでもらいたいという真剣な想いや熱意を聞くにつれ、少しずつ不動産業という仕事に魅力を感じるようになっていきました。「地元に根差し、生活や人生に深くかかわっていく職業って素敵だな」と思ったのがきっかけです。

コンサルタントとして充実していなかったわけではありませんが、住宅を売ったり、買ったり、貸したりした有形の空間に人が満たされていく仕事、目の前でお客さまが喜んでくれる仕事に、無形商材にはない魅力、やりがいを感じたということです。いつしか「人が幸せになる空間を作っていきたい」と考えるようになりました。

もともと住宅、服、食事が好き。人の3大欲求に直接つながる不動産にかかわり、楽しさや喜びを見出したいと、思い切って不動産会社への転職を決めました。

その一方で、不動産業は縦割りに分断され、業界都合のサービスをお客さまに押し付けているところがあるとも感じていました。

不動産業とひとことで言っても、売買仲介や賃貸仲介、新築販売専門のディベロッパー、建売販売、用地仕入れ、管理、設計、建築、リフォームなど多種多様な会社があります。それぞれの道のスペシャリストはいるのですが、お客さまの立場に立ったとき、長き将来にわたって家やローンのことを何でも相談できる「人生を共に歩める不動産のプロ」がいるか？　というと、いそうでいないというのがコンサルタントとしての私の見方でした。

私が入った不動産会社にも建築部門や仕入れ部門、リフォーム部門などがありましたが、同じ会社であっても連携ができていませんでした。しかし、お客さまのなかには、「住み替えのために売りと買いを同時に進めたい。賃貸も視野に入れて検討したい」という方もいらっしゃいます。それが部門ごとに分断されていると、それぞれ窓口が変わってしまう。一人のお客さまに寄り添いきれるサービスができないことに歯がゆさを感じていました。

そこで、自分の手で、何でもできる営業マンを輩出できる組織を創ろうという志が生まれました。

今は多彩な知識を持つ営業マンを育成しながら、業界の垣根を超えてチームを結成し、一人のお客さまに対してその時々に必要な情報を提供していくしくみを構築しているところです。隣の畑のトップエージェントたちと横のつながりを持ちつつ、お客さまの家と財産を生涯守っていけるよう、取り組みを進めています。

かかわる人の幸せを第一に考える

かかわる人の幸せを第一に考えることは、とても重要です。以前、「世界を変えよう」と思ったことがあります。もちろん、自分が思うだけでは変わりません。しかし、自分がまず変わってまわりに良い影響を与え、まわりも少しずつ変わっていき、その人たちと一緒に社会に影響を及ぼすことができれば、世界を少しだけ変えられます。

その頃から大切なものは近くにあると考えるようになり、社員、チームの仲間、家族にも言うようになりました。まず大切なことは、自分の心を満たして、満たされた心を人に与えていくことです。与えられた人が心を満たし、それをまた次の人に与えていく。その連鎖が世界を変えていくことにつながると、今は信じています。だからこそ、一度でも住宅のお世話をさせていただいたお客さまの幸せを第一に考えて、サービスを提供していきたいし、一度でも取引した会社の担当者、関係性をもった人を大事にしたい。言葉にすると古臭いですが、義理と人情にあふれた世界観を作りたいと思っています。

経営者としては、会社のメンバーの成功を誰よりも強く願っています。不動産取引に必要な「税」や「法律」、そして「ご提案の方法」といった知識が不足していては、お客さまにとっていいパートナーになれません。知識や技術を学ぶ必要があります。勉強会を開いて、税金、法律のほか、不動産登記のこと、住宅ローンを含めた資金計画の作りかた、営業やマナーの練習、資格の勉強など、さまざまなことをレクチャーしています。

良い営業マンになりたかったら練習あるのみ。練習せずに本番の試合ばかりしてもうまくなりません。たくさんの練習試合をこなして、公式の試合に出てこそ勝利できる（お客さま満足を勝ち取れる）。そのための学びの場が必要だと思っています。縁あって入社してくれた社員です。日本を代表する不動産営業マンにする決意で育てています。

今どき、欲しい情報はネットにあふれています。ＳＮＳを見ればトレンドもわかります。しかし、人生に深くかかわる情報は心をこめて、熱意をもって伝えてこそ豊かさにつながると私は思っています。それで「家を買って本当によかった」「住み替えて幸せになった」「この営業マンにお願いしてよかった」と思ってくださるお客さまが一人でも増えてくれれば本望です。

住むだけで儲かる家を世の中に増やしたい

住宅の購入は、人生最大の買い物のひとつです。その買い物を消費で終わらせるわけにはいかないというのが、私の思いです。

みなさんも考えてみてください。月15万円の家賃を払ったとして、１年間で単純に１８０万円かかります。１８０万円を30年払い続けたら５４００万円消費することになります。人生100年時代ともなれば、さらに30年。60年間消費し続けたら、人生で一億円近く住宅に支払うことになります。住む場所を〝消費〟という視点で見てしまうと、誰もがもったいないという気持ちになるでしょう。

そうではなく、資産として、あるいは投資家目線で住宅を購入していく。私自身は「大きな貯金箱」を作るようなイメージをもっています。家が居住性、快適性、資産性を満たした大きな貯金箱ならば、必要なときいつでも手放せ、いつでも現金化できます。その考え方で家を買えば、多くの人が幸せになると信じています。

また、住む場所が変われば、人生は変わります。これからは軽やかに住み替えていく時代です。パートナーができた、子どもが生まれた、転職した、転勤が決まった…そうしたライフステージの変化に適応する家、しかも資産性が高い家を手に入れていただけたら、豊かな人生の助けになると思います。

私自身、現役の営業マンですが、お客さまに対しては「3割ぐらいお友達」の感覚をもっています。不動産のプロであり、ちょっとだけ友人というお付き合いを心がけています。ですから、友人として話をとことん聞き、相手の生活や好み、懐事情をよくわかった上でご提案ができる。一つひとつの取引には思い出があり、記憶が色あせることはありません。3年ぶりに物件売買のご相談をいただいても、そのお客さまのバックグラウンドが昨日のことのようにスッと浮かんできて、「そんな話、よく覚えているね！」と驚かれることもあります。

あるお客さまは、急に転勤が決まったために家を売ることになり、二人で深夜2時ぐらいまで、「手まき」といってチラシを周辺住宅のポストに入れに行った思い出があります。それも友人なら当然のこと。「そういえば、あのときは大変でしたよね！」「でも、楽しかったよ！」と笑って言い合えるお客さまがたくさんいることに誇りを感じています。

不動産で泣く人を一人でも減らしたい

不動産で幸せになる人もいれば、失敗して泣く人がいるのも事実です。高級マンションの場合、失敗の8割は相場より著しく高い金額で購入してしまうことです。

物件を高値でつかむと、住み替えたくても住み替えられない、売るに売れないなど、のちのち選択の自由を奪われてしまいます。買った金額が高すぎると売り出し価格を相場より上げざるを得ず、買い手がなかなか見つかりません。そうかといって、値を下げるわけにもいきません。理由は残債が多いからです。残債がまだたくさん残っているのに、数千万円も値引きすれば資産がマイナスになって、次の家を買うことができません。それによって住み替えたくても住み替えられない人が今も多くいらっしゃいます。

それはすなわち自由を失うことです。私が考える自由とは、選択肢の多さです。住み替えるという選択肢を失えば、勤務地が変わって遠くなっても時間をかけて通わなければなりません。また、転職して住宅ローンの支払いが苦しくなったので売りたいと思っても、思うような価格で売却できないと、売ることもできません。

だからといって、生活レベルが下がるとか、節約生活を強いられるわけではありません。実際に高級マンションを購入される方のほとんどは800万円以上の年収があり、生活苦を味わうことはないでしょう。しかし、引っ越す自由を奪われていることがいつも心の中でチクチクと引っかかり、ストレスを感じてしまうと思います。

営業マンに泣かされるケースとしては、第4章でお話した「干される」行為が多く見受けられます。売却の依頼を受けた不動産会社の営業マンが、物件を囲い込む目的で意図的に他社からの買主紹介を制限し、内覧に人がまったく来ない。その結果、不当に買いたたかれることもあります。プロとして断じて許されることではありませんが、最大の問題は販売が長期化することです。すでに別の物件を買って住んでいた場合はダブルローンとなり、毎月多額の支払いを余儀なくされます。

このほか、精神的苦痛という意味合いでは、高級マンションを買った瞬間大規模修繕に突入すると、せっかくの新生活をまったく楽しめません。大規模修繕はおよそ8か月から10か月かかります。その間ずっと、黒い幕が張られて室内が暗い、鉄骨の足場があって作業員がしょっちゅう出入りする、工事の音がうるさいなど、気持ちに負担がかかります。防水材や塗料のにおいで体調不良になる人もいるでしょう。

マンションの資産価値を維持するために、大規模修繕はもちろんやるべきです。しかし、工事がいつ行われるのか知らされていなかったという人が意外にも多いのです。なかには、販売図面上やインターネット広告上に修繕積立金の値上げを謳っていない会社もあります。そうした情報を載せなければならない義務や法律がないのをいいことに、1~2万円上がることが決まっているのにもかかわらず、記載していないことが少なくありません。

こうした事態が起こるのは、不動産業は情報格差ビジネスだから、ともいえます。これだけ高額の商品を扱いながら、同じ営業マンでも情報格差がある。強者と弱者の差が激しすぎる業界です。情報の乏しい営業マンが担当になれば、お客さまが自己防衛するための情報さえ届きません。

そんな悲しい出来事をなくすためにも、私たちが情報をオープンにしていくことが第一段階だと思っています。ＩＴの力もあって、不動産の過去の取引状況、売り出し事例、相場観などは、一般の方でも閲覧できるようになってきました。

情報格差を埋めるしくみ、サービスを作れば、不動産で泣く人が減っていくと思っています。

不動産の世界は「一生勉強・一生経験」

30年、40年前までは、「家は一生に一度の買い物」でした。しかし、人が大都市に集まるようになり、都市が形成され、集合住宅が盛んに建てられるようになってからは、一生に一度だけの買い物ではなくなってきました。なかには人生に3度、4度と住み替える人たちもいて、その傾向はますます強くなっていくだろうと予想しています。

そういう人たちが損をすることなく、得をしてさらに幸せになるような賢い住み替え方を世の中のスタンダードにしなければいけません。そのしくみづくりをする役割が、私たちにはあると思っています。

一方、不動産に詳しくない人にとっては、買うにしても、売るにしても、一回目は怖いはずです。ですが、これが二回目、三回目となると、高い買い物ではあってもそれほど恐れることはなくなっていくでしょう。私たちも、住み替えに対するネガティブな感情・要因を排除できるようサポートしていきますが、「習うより慣れよ」で、経験によって学ぶことは多いと思います。

実際に、購入、売却の一連の流れを一度でも経験してみると、不動産売買のしくみがわかってくると思います。私はお客さまに「みなさんのやっているお仕事の方がよほど難しいですよ！」といつも言うのですが、一緒に不動産のことを学びながら、プロとして情報提供をしていきたいと思っています。

例えば、YouTube動画では、私の経験則も交えて不動産の購入・売却、賃貸の情報を随時発信しています。

高級マンション投資は、何回か経験していくうちに理解度が深まり、知識もどんどん増えていきます。ぜひ、住み替えの達人＝住み替え長者を目指してください。一緒に人生の夢をふくらませていきましょう。

あとがき

不動産営業として駆け出しの頃、何回ご案内しても購入が決まらないお客さまがいました。ご希望の小学校に近い物件をご案内しているのに、なぜ一向に決まらないんだろうと真剣に悩んだ挙句、あるとき、思い切ってご自宅に伺いました。

「決断できない理由があるのでしょうか？　それとも私に何か悪いところがありますか？　教えてください」

そのときはじめて、お子さんが自閉症であることを打ち明けてくださいました。それを聞いて、ハッとしました。見た目ではまったくわからなかったのです。「だから、小学校まで10分以上かかったり、道順が複雑だったりするとダメなんだ」と、ようやく理解することができました。その後、ご家族の要望にぴったりの物件が見つかり、ご提案したところ、お客さまが気に入り、ご契約をお預かりしたという経験があります。

本来、お客さまは身内のそうしたことを表に出したくありません。しかし、もっと親身になって話を聞いていたら、「そういうこともある」と予想してもっと早く、良い物件を提案できたかもしれません。

その一件以来、お客さまのとのコミュニケーションの取り方が変わりました。大事なのは、広さや間取りといった希望条件ではなく、「新しい住まいでどんな生活がしたいのか」。どこで働いていて、どんな生活スタイルをしているのか、子育てで気にかけているのはなにか、帰りは早いのか遅いのか、休日はどこに遊びにいきたいのか…。お客さまの生活が理解できなければ、喜ばれる提案はできないといつも実感しています。

私は不動産の仕事が大好きです。お客さまの幸せそうな顔を見るたびにやりがいを感じますし、「高田さんがいてくれてよかった」と言っていただくと一層がんばれる気持ちがわいてきます。この先も、誰もがストレスなく「住み替えられる時代」を現実にしていきます。

高田一洋（たかだ・かずひろ）

一心エステート株式会社代表取締役。不動産コンサルタント。

宅地建物取引士／管理業務主任者／賃貸不動産経営管理士／２級ファイナンシャル・プランニング技能士／住宅金融普及協会住宅ローンアドバイザー／損害保険募集人資格／相続診断士

1983年福井県生まれ。金沢大学工学部を卒業後、大手コンサルティング会社に入社、４年間新規事業の立ち上げや不動産会社のコンサルティング業務に従事する。その後、当時の取引先リストグループの理念に惹かれ入社。不動産仲介営業・営業管理職・支店長を経て、さらなる理想を追求するために一心エステートを創業。創業当初から金融機関・不動産会社へのコンサルティングを行い、ARUHI住み替えコンシェルジュでセミナー講師等を務める。豊富な不動産知識に加えて20代で身に付けたコンサルティング技術、ファイナンス（お金・投資の知識）をもとに、東京都心の不動産仲介実績を積み上げている。
一心エステート株式会社 https://issin-estate.co.jp/
ツイッター：https://twitter.com/Takada_Issin

参考サイト

「ARUHI」マガジン
https://magazine.aruhi-corp.co.jp/0000-3256/
（株）東京カンテイ市場調査部
https://www.kantei.ne.jp/report/c202207.pdf
地域経済分析システム「RESAS」
https://resas.go.jp/#/13/13101
「RENOSY」マガジン
https://www.renosy.com/magazine/entries/294
三井住友トラスト不動産
https://smtrc.jp/useful/knowledge/market/2011_11.html
ライフルホームズ Web サービス「プライスマップ」
https://lifullhomes-satei.jp/price-map/
（株）東京カンテイ「価格天気図」
https://www.kantei.ne.jp/report/price_weather_map/

住《す》んでよし、売《う》ってよし、貸《か》してよし。

高級《こうきゅう》マンション超活用術《ちょうかつようじゅつ》

不動産《ふどうさん》は「リセール指数《しすう》」で買《か》いなさい

2023年5月23日　初版第1刷

著　者　高田一洋《たかだかずひろ》

発行人　松崎義行

発　行　みらいパブリッシング

〒166-0003 東京都杉並区高円寺南4-26-12 福丸ビル6階
TEL 03-5913-8611　FAX 03-5913-8011
https://miraipub.jp　MAIL info@miraipub.jp

企画協力　（株）天才工場　吉田 浩

編　集　田中むつみ

編集協力　潮凪洋介・宮嶋尚美

ブックデザイン　洪十六

発　売　星雲社（共同出版社・流通責任出版社）

〒112-0005 東京都文京区水道1-3-30
TEL 03-3868-3275　FAX 03-3868-6588

印刷・製本　株式会社上野印刷所

ISBN978-4-434-32003-3 C0036